Bärbel Mohr

Bestellungen beim Universum

Bärbel Mohr

Bestellungen beim Universum

Ein Handbuch zur Wunscherfüllung

Bibliographische Information der Deutschen Bibliothek

Die Deutsche Bibliothek verzeichnet diese Publikation in
der Deutschen Nationalbibliografie;
detaillierte bibliografische Daten sind im Internet über
http://dnb.ddb.de abrufbar.

16. Auflage Oktober 2002

Copyright© 1998 by Omega-Verlag

Covergestaltung: Doro Koch und Stefan Lehmbrock, Düsseldorf

Satz und Gestaltung: Martin Meier

Druck: FINIDR, 🖳 s. r. o., Český Těšín, Tschechische Republik

Omega®-Verlag, Gisela Bongart und Martin Meier (GbR)

D-52080 Aachen • Karlstr. 32
Tel: 0241-168 163 0 • Fax: 0241-168 163 3
e-mail: omegate@compuserve.com

Inhalt

Liebe Leserinnen und Leser,

ich erlaube mir, euch im folgenden mit „du" anzusprechen. Erstens, weil ich denke, daß wir Gefährten desselben Weges sind und daher geistig und seelisch keine Fremden, und zweitens, weil ich mich wohler damit fühle und flüssiger schreiben kann. Ich hoffe, es sind alle einverstanden.

„Das was man kann, das lebt man, und was man nicht kann, das lehrt man." Das heißt, ich kann es auch nicht perfekt, und das Leben ist eine tägliche Übung für mich. Allerdings übe ich völlig ohne Anstrengung. Denn wenn es anstrengend wäre, hätte ich schon längst wieder aufgehört. Ich bin manchmal ziemlich bequem und mittlerweile auch verwöhnt durch diesen ausgezeichneten Bestellservice!

Für mich ☺ muß es leicht gehen,
☺ es muß Spaß machen,
☺ und es muß weit mehr Energie dabei rauskommen, als man reinsteckt.

Das ist gegeben. Nachmachen ist daher sehr empfehlenswert!

Viel Spaß beim Lesen!

Eure Bärbel

PS: Du mußt übrigens nicht erst alle Kapitel gelesen haben, um mit dem Bestellen anfangen zu können. Fang' an, wann immer du willst, und lies so viel oder so wenig du willst. Es sind viele Tips und Hilfen. Such' dir raus, was immer dich interessiert. Immer mal wieder etwas lesen oder einfach irgendwo aufschlagen ist hilfreicher, als brav und ordentlich Kapitel für Kapitel abzuhaken. Aber auch das ist erlaubt – wenn du es möchtest. Nur du kannst wissen, was dir am meisten Freude macht. Horch' einfach mal hinein in dich.

1 Wie ich den „Bestellservice" entdeckte

Das Ganze fing vor einigen Jahren mit einem Streitgespräch mit einer Freundin an. Sie hatte ein Buch über positives Denken gelesen und schlug mir vor, mir einen Mann mit allen passenden Eigenschaften „herbeizudenken" und quasi beim Universum zu „bestellen". Ich hielt damals noch nicht allzuviel von solchen Ideen und geriet im Laufe des Gesprächs ziemlich aus dem Häuschen. Ich meinte, meine Freundin vor der völligen Verdummung retten zu müssen.

Wir beendeten unseren Streit schließlich damit, daß ich eine Testbestellung aufgab, um ihr zu beweisen, was für ein totaler Humbug das ist. Eine 9-Punkte-Liste hatte ich damals: Vegetarier, Antialkoholiker, Nichtraucher sollte er sein, Tai Chi können usw. usf.

Um die statistische Wahrscheinlichkeit für einen Zufall möglichst gering zu halten, legte ich das Lieferdatum ebenfalls genau fest – nämlich innerhalb einer bestimmten Woche, die noch circa drei Monate weit weg lag. Damit war die Diskussion damals erstmal beendet.

Bis dann die besagte Woche kam und die Lieferung mit allen neun Punkten prompt erfolgte. Waaaaahnsinn! dachte ich. Ich ließ mich ziemlich schnell überzeugen, daß diese Technik das Ausprobieren in jedem Fall wert ist, und geriet in einen Bestellrausch.

Ich mache im täglichen Leben durchaus alles, was ich mache, so gut ich es in dem Moment kann, und der passive Typ bin ich sicher auch nicht, der sich in die Hängematte legt und nur noch bestellt. Aber wann immer etwas auftauchte, das ich gerne gehabt hätte, aber selbst keinen Weg sah, es zu erreichen – das wurde „bestellt"!! Büro, Geld (klappt bei mir in Beträgen von einigen tausend Mark – bei höheren Beträgen habe ich zu viele Zweifel, das blockiert den Fluß), Job, Wohnung, etc. pp.

Einmal hatte ich eine Arbeitsstelle in einer Presseagentur und erstellte dort unter anderem ein zusammenkopiertes Infoblatt, das ich selbst frei gestalten konnte. Das machte mir soviel Spaß, daß ich Zeitschriftengestaltung lernen wollte. Die Abendkurse in Computergrafik (heute werden fast alle Zeitschriften am Computer erstellt) waren aber sehr teuer und dauerten jahrelang. Das war es mir nicht wert.

Ein eindeutiger Fall für eine weitere Bestellung – just for fun. Kann ja nicht schaden. Und da ich schon dabei war, wollte ich gerne in einem kleinen gemütlichen Laden auf dem Land arbeiten, und der Chef der Firma sollte bitteschön in meinem Alter und ein reizender, uncholerischer Mensch sein.

Kurz darauf kündigte eine Kollegin von mir. Sie zog innerhalb von ein paar Monaten durch mehrere Arbeitsstellen und landete schließlich in einer kleinen Agentur auf dem Lande. Chef reizend, 26 Jahre alt, und sie machte die Grafik dort komplett alleine. Ich war vorübergehend fassungslos – ich bestelle, und sie bekommt genau das, was ich bestelle. Nicht zu glauben!

Nun hatte ich parallel noch eine weitere „Bestellung" laufen. Ein Exfreund (einer, den ich nicht bestellt hatte ...) schuldete mir ziemlich viel Geld. Ich hatte diesen Betrag „zurückbestellt", egal woher. Das Geld mußte also nicht von ihm kommen, er hatte ja sowieso keins mehr. Ich wechselte dann ebenfalls die Arbeitsstelle und ging zu einer Zeitschrift. Die Zeitschrift wurde nach vier Monaten eingestellt, und aufgrund der langen Kündigungsfristen bekam ich in etwa den Betrag, den ich „bestellt" hatte (über 20.000,- DM) als Abfindung. Herrlich! Damit wollte ich erstmal ins Ausland und Italienisch lernen.

Daraus wurde aber nichts – die erste Bestellung kam in die Auslieferungsphase: Die ehemalige Kollegin rief an, sie brauchte dringend Verstärkung. Ihrem Chef (dem 26-Jährigen) hatte sie verklickert, daß er ihr einen Monat Zeit geben solle. Das würde reichen, um mir das Layouten beizubringen.

Es war auf dem Land, wir hatten einen Holztisch mit Bank im Garten, machten sechs völlig verschiedene Fachzeitschriften zu zweit, der Chef schmiß mit Radiergummis, und ich blieb zwei Jahre dort. Es war super!

Meine Lieblingsbestellobjekte aber waren damals die Männer. Nach der 9-Punkte-Liste kam die verbesserte 15-Punkte-Liste, und als auch das scheiterte, wollte ich gegen alle Eventualitäten gewappnet sein, und es folgte die 25-Punkte-Bestell-liste! Immer mit Lieferdatum. Nicht, daß „die da oben" sich womöglich jahrelang Zeit lassen...

Naja, die Sache hat einen Haken. Man sollte es nicht glauben, wie viele Varianten es gibt, mit denen man nicht rechnet. Und die 25 Punkte waren alle da. Trotzdem habe ich mit den 25 Punkten mehr Stress gehabt als mit so manchem „0-Punkte-Typ". Die Anzahl der Punkte ist offensichtlich keine Garantie für irgend etwas.

Erst vor kurzem brachte mich ein guter Freund auf die glorreiche Idee, doch einfach „denjenigen, der für mich jetzt im Moment am besten paßt" zu bestellen. Entweder bin ich auf so eine simple Idee einfach nicht gekommen, oder es fehlte mir an Vertrauen, daß „die da oben" dann auch was Gescheites aussuchen. Jener Freund von mir jedenfalls schwört auf seine Formulierung und ist hochzufrieden mit der Lieferung, die drei Tage später erfolgte.

Ich fürchte, es ist eine Sache des Vertrauens bei mir. Ich unterstelle insgeheim dem „universellen Bestellservice", daß „die" erstmal noch eine Weile ganz geruhsam „Harfe spielen", bevor sich da was tut, wenn ich nicht „Druck mache" und das Lieferdatum mit angebe... Und genau anders herum ist es. Je mehr Vertrauen ich habe, desto schneller geht es.

Meine allererste Bestellung habe ich übrigens romantisch bei Mondenschein auf dem Balkon aufgegeben; mittlerweile bestelle ich von überall aus und wie es mir gerade einfällt. Einmal wollte ich innerhalb einer Woche ein billiges Büro ganz bei mir in der Nähe haben. Das habe ich vom Schreibtisch aus bestellt. Nach drei Tagen rief mir eine Nachbarin hinterher und bot mir genau so ein Büro an. Ich war daraufhin direkt etwas verschreckt und nahm es am Schluß doch nicht, weil das ganze Projekt in Frage stand. Ich hatte da etwas voreilig bestellt.

MERKE: Sieh' dich vor, was du dir wünschst und bestellst – es könnte umgehend kommen! Sonst weiß man vielleicht irgendwann vor lauter Bestellen nicht mehr, ob die Dinge, die man da alle bestellt, überhaupt gut für einen sind. Ein wenig innehalten und in sich hineinfühlen kann ratsam sein. Einem besonders lieben Freund von mir fällt vor Lachen immer fast der Hörer aus der Hand, wenn ich ihm wieder von meinen Bestellerfolgen erzähle. Er meint dazu: „Wen Gott bestrafen will, dem erfüllt er seine Wünsche."

Der Spruch ist natürlich völlig überholt. Bestrafen ist out, mega-out. Im Gegenteil, ich finde auch Bestellungen, die ich kaum daß ich die Lieferung erhalten habe, nicht mehr brauche, äußerst nützlich. Denn wer weiß, wie lange ich ansonsten gebraucht hätte, um herauszufinden, daß ich sie nicht haben will. Vielleicht wäre ich diesem oder jenem Traum jahrelang hinterhergelaufen. So komme ich schneller an die Essenz dessen heran, was ich im Leben denn wirklich haben möchte. Aber wer öfter mal innehält und in sich hineinhorcht, erspart sich so manche überflüssige Bestellung.

MERKE ZWEITENS: Du brauchst keine spezielle Atemtechnik anzuwenden oder in Trance zu gehen, um dein Unterbewußtsein zu programmieren. Du mußt dir die Bestellisten auch nicht im Kopfstand unter Hypnose vorlesen. Du brauchst nur ganz kindlich arglos einfach zu sagen, denken und fühlen, was du haben willst, und es wird kommen.

ABER: Das, was du insgeheim befürchtest, ist das, was als erstes kommt. Weder dein Unterbewußtsein noch das Universum verstehen die Formulierung: „Ich will NICHT das und das." Oder: „Hoffentlich passiert nicht doch das und das." Die Wörter „kein" und „nicht" werden gestrichen, und das Bild, das du dabei im Kopf hattest, fängt an, wirklich zu werden.

Beispiel: Setz' dich ruhig hin, und denke drei Minuten lang NICHT an einen Eisbär!! So intensiv hast du wahrscheinlich noch nie an Eisbären gedacht wie in diesem Fall. Also: Alles, was du NICHT haben willst und als Bild vor Augen hast, blockiert zumindest den wahren Wunsch.

„Zuerst muß der Glaube da sein, dann das Vertrauen, und anschließend kommt der universelle Beweis. Er manifestiert sich durch deinen Glauben. Dies ist ein geistiges Gesetz des Universums."

Irgendwann wirst du WISSEN (= vertrauender Glaube ohne Zweifel), daß alles, was du wünschst und brauchst, sowieso kommt. Wenn etwas scheinbar schief geht, kann das nur bedeuten, daß noch etwas Besseres auf dich wartet oder die Sache einen Haken hat, den du jetzt noch nicht sehen kannst. Du wirst wissen, daß das Beste noch kommt und zwar bald.

Für den Anfang brauchst du eigentlich noch nicht einmal richtig dran zu glauben – das habe ich bei dem Streitgespräch mit meiner Freundin ja auch nicht getan. ES GENÜGT, OFFEN FÜR DIE MÖGLICHKEIT zu sein, daß es funktionieren könnte. Du wirst Hilfe aus deinem Inneren erhalten, denn die Natur ist an glücklichen Menschen interessiert. Glückliche Menschen achten die Natur und gehen bewußt mit ihr um.

2   Wir üben „bestellen"

Man kann auch mit ganz kleinen und „unbedeutenden" Bestellungen „üben". Das Vertrauen wächst dadurch, und wenn das Vertrauen wächst, verwirklichen die Wünsche sich schneller.

Meine Wohnung ist zum Beispiel zu klein für eine Waschmaschine, und ich gehe deshalb immer in den Waschsalon. Neulich fand ich heraus, daß der Trockner Nummer 9 der heißeste ist und am schnellsten trocknet. Nummer 11 hingegen ist einer der flauesten und trocknet am langsamsten. „Ok – also nächstes Mal will ich gleich den Trockner Nummer 9 haben, bitteschön", lautete meine Bestellung des Tages.

Letzte Woche im Waschsalon: Ich hatte die Wäsche schon in der Schleuder und guckte zu den Trocknern rüber. „Moment mal – hatte ich nicht Nummer 9 bestellt? Hmm, war wohl nichts – Nummer 9 ist belegt. Dafür ist mein 'Liebling' Nummer 11 frei. Naja, vielleicht ist Nummer 9 nur noch kurz belegt. Kann ja nicht sein, daß nur der schlechteste Trockner für mich frei ist..." Und selbst wenn, sich wegen eines Trockners zu ärgern – dazu ging es mir ja wohl viel zu gut. „Humdidumdidum", summte ich vor mich hin. Meine Schleuder stoppte und drehte sich aus. In der Sekunde, in der der Deckel aufsprang, blieb der Trockner Nummer 9 stehen, uuuuund – die Dame war fertig und räumte ihn aus. Somit hatte ich meine bestellte Nummer 9 auf die Sekunde genau erhalten.

Wenn so etwas einmal im Jahr passiert, kann man es für willkürlichen Zufall halten. Aber je offener man ist, umso öfter passiert es, und am Schluß fügen sich die Dinge täglich genauso ineinander, wie man es gerne hätte. Man muß sich, egal was man macht, einfach weniger anstrengen im Leben, und dann hat man mehr Grund zur Freude, mehr Freizeit und überhaupt.

Eine weitere Beispielbestellung: Meine Wohnung ist wie erwähnt ziemlich klein und hat nur 40 Quadratmeter, und da wohne, schlafe und arbeite ich. Ziemlich eng. Etwas Größeres wäre manchmal nicht schlecht. So ein nettes kleines Schloß zum

Beispiel. Aber kosten darf es natürlich nichts, denn jetzt zahle ich auch nur sieben Mark fünfzig pro Quadratmeter, und mehr zahlen möchte ich eigentlich nicht. Sonst müßte ich mehr arbeiten, und das nur für die Miete, das macht ja keinen Spaß...

Mehr zum Spaß sandte ich die folgende Bestellung ans Universum: Bitte Schloß schicken! Circa ein Jahr nach dieser Spaßbestellung, die ich mit einem Freund zusammen aufgegeben hatte, ergab es sich, daß ein anderer Freund von mir doch tatsächlich auf ein Schloß zog. Er wohnt und arbeitet dort seit kurzem. Ich lernte es bei einem Wochenendbesuch kennen und war total verliebt in dieses Schloß. Es hat etwas von einer Villa Kunterbunt (die von Pippi Langstrumpf) für Erwachsene. Überall sind Gänge, Treppen, Ekken, Winkel und Aufgänge. Es ist groß und trotzdem gemütlich.

Dieses Schloß sehen und denken, daß so eine nette Wohn- und Arbeitsgemeinschaft dort doch ideal wäre, lag nicht weit auseinander. Ein paar Wochen später riefen dieser Freund von mir und der Schloßbesitzer an: Sie bräuchten Verstärkung im

Team, und vielleicht könnte ich ja bei ihnen mitarbeiten und natürlich auch im Schloß wohnen.

Worauf ich nochmals dort war und erst einmal drei weitere schöne Zufallsgeschichten für mein Buch zum Thema „Zufälle" erhielt (ich sammle die schönsten Zufallsgeschichten aller möglichen Menschen). Mit der Zusammenarbeit auf dem Schloß klappte es aber höchstens in Teilzeit, weil ich nicht ganz die richtigen Kenntnisse hatte, die sie benötigten. Außerdem hätte ich dann auch etwas sehr weit weg von meinem Freund gewohnt, was mir auch nicht so recht gefiel. Und so schön dieses Schloß samt Kapelle und 63 Zimmern ja ist – es ist eigentlich mehr eine Burg, liegt im Berghang und hat keinen Park.

Also Schloß mit Park und mehr in der Nähe von meinem Freund wär' schon besser. Aber Wohngemeinschaft und da arbeiten, das paßt schon! Das dachte ich nur so vor mich hin. Und manchmal, wenn ich so etwas vor mich hin denke, frage ich mich, ob da einer in meinem Hirn sitzt und mir eingibt, mir genau das zu wünschen, was sowieso passiert. Es kann unmöglich sein, daß so oft alles genauso passiert, wie ich es haben will!?

Ein anderer Freund von mir hat nämlich mittlerweile ein weiteres Schloß aufgetan. Es wird gerade zu einem Seminarzentrum mit vegetarischer Lehrküche ausgebaut. Es liegt südlich von München und mehr in der Richtung des Wohnortes meines Freundes. Und es hat einen wunderschönen schnuckligen Park – natürlich mit Seeblick von der Terrasse aus. Klar, daß mich jener Freund von mir mal zu einem Sonntagsausflug dorthin mitgenommen hat, und klar auch, daß der Manager trotz Sonntag gerade da war. Sowieso klar, daß ich ihn sehr nett fand, und ebenso klar, daß dort, wenn die Ausbauten fertig sind, Mitarbeiter für alles Mögliche gebraucht werden. Man kann sich ja mal zusammensetzen und drüber reden ...

Mittlerweile schreibe ich nun an dem Zufallsbuch und gebe auch eine eigene (positive) Zeitschrift heraus, die viel Zeit in Anspruch nimmt. Das heißt, ob ich jemals auf irgendeinem Schloß mitarbeite, ist völlig offen. Das warf bei einer Bekannten von mir die Frage auf, ob ich nie Angst hätte vor der „Rechnung", die mir mein

„Versandhaus" da mal stellen könnte? Hier sitze ich und bestelle „sinnlos" die utopischsten Dinge, bekomme sie angeboten und nutze sie nicht. Das gehöre sich doch wohl so nicht.

„Die Welt ist das, was man von ihr denkt", konnte ich ihr darauf nur antworten. Wenn man im Hinterstübchen den Gedanken hat, „es steht mir nicht zu", dann wird es auch nichts werden. Und wenn man noch dazu Angst vor „Rechnungen" oder gar „Bestrafungen" hat, dann wird man sich diese HÖCHST PERSÖNLICH kreieren. Denn „die Welt ist das, was man von ihr denkt!"

Ich habe im Gegenteil das Gefühl, daß ich noch extra belohnt werde für die schönen vielen Bestellungen. So als würden die Mitarbeiter des Versandhauses bei einer hohen Bestellmenge noch extra Werbegeschenke hinterher senden.

Diese Technik hat nämlich den unschätzbaren Vorteil, daß man sich auf mysteriöse Weise nie so ganz allein fühlt. Und dieses Gefühl wird umso stärker, je öfter man das „Bestellen" anwendet. – „Dear universe, ich finde meine Brille nicht... Bitte ein Hinweis, wo ich sie diesmal hingelegt habe. Ahhhh hier – vielen Dank."

„Zu diesem Artikel für die Zeitschrift soundso brauche ich noch unbedingt einen
kleinen 'Kick'. He Versandhaus – hättet
ihr da eine Idee? Wie, wo? – in welcher
Kiste soll ich wühlen? Da ist doch nur
Schrott drin! Nein, nicht zu glauben – das
ist ja schon Jahre her, daß ich den Notiz-
zettel mal aufgehoben habe. Paßt haar-
scharf, genau das, was ich für den Artikel
noch gesucht hab'!"

Vielleicht redet man da auch nur mit
sich selbst, mit dem eigenen Unterbewußtsein. Das ist ja völlig egal, solange
es klappt. Die jahrelangen Forschungen
von Frau Dr. Elisabeth Kübler-Ross zu Nah-
toderlebnissen (siehe Kapitel 11) und auch
die Erfahrungen einiger medial begabter
Freunde geben mir allerdings öfter zu denken. Man kann ja mal offen sein für alle
Möglichkeiten, denke ich mir. Ich sehe es
pragmatisch – Hauptsache es klappt!

Jedenfalls, um auf meine „Kleinkrambe-
stellungen" zurückzukommen. Manchmal
gibt es im Leben ja auch Krisensituationen (möglicherweise). Vor lauter Schreck
fällt einem nichts mehr dazu ein, wie man
sich aus dieser Situation jetzt raushelfen
könnte. Oder auch nicht, wie man jemand

anderem helfen könnte. Kann man überhaupt? Je normaler das „Bestellen" ist, desto leichter bestellt man sich Eingebungen und Lösungen für Krisensituationen. Man bewahrt auch mehr Ruhe. Ich habe immer im Hinterstübchen: „Naja, wenn ich es selbst nicht hinbekomme, bestelle ich mir halt was." Und sei es nur eine nützliche Idee.

Unbewußt habe ich mir sicher auch die Krise bestellt. Alles war zuerst in mir drinnen. Aber ist es nicht praktisch, daß man sich dann wenigstens bewußt eine gute Lösung bestellen kann, wenn man mal einen Blackout hat? Vom Opfer zum Schöpfer ist meine Devise. Ein „wacher" Mensch ist nach meiner Vorstellung nicht einer, der immer alles weiß und bei dem immer alles klappt. Aber einer, der sich selbst beobachten und bewußt in jeder Situation entscheiden kann: Was will ich denken und was will ich mir durch meine Gedanken und Gefühle kreieren? Klare Absichten (= Bestellungen) fördern klare Lieferungen. Und wie man sieht, sind auch Schlösser und viele andere sehr unwahrscheinliche Wünsche voll im „Lieferumfang" enthalten!

Nachfolgend einige Kapitel mit Tips und Anregungen, wie man leichter „in den Fluß" kommt, offener und vertrauensvoll wird. Quasi eine Art „Bestelltraining". Es ist nämlich doch nicht so einfach... Im Gegenteil, es ist furchtbar schwierig. Es gibt nur eine einzige Schwierigkeit, und die liegt darin, mit Leib und Seele zu begreifen, wie kinderleicht es ist (babyleicht würde meine elfjährige Cousine sagen). Bei uns läuft oft ein inneres Programm ab, das uns vormacht, das Leben wäre schwer. Begreife, daß es einfach ist, und es wird ab sofort einfach sein!

3

Selbsttest: Bin ich der Typ, bei dem Bestellungen gut funktionieren?

Dieser Test ist ganz einfach. Setz' dich hin, und überlege dir, was für Menschen dir diese Woche (oder letzte, wenn gerade Montag sein sollte) begegnet sind. Die Menschen im Büro, auf der Straße, im Café, deine Freunde – wie waren sie? Gut drauf, schlecht drauf? Fähig, unfähig? Alle reizend, alles „Arschlöcher"? Alle unfreundlich, fahren unmöglich Auto – nööö, sie haben mich immer alle gleich einfädeln lassen?

Geh' mal die ganze Woche durch, bevor du weiterliest!

Ok, hast du die ganze Woche durch? Dann kommt hier die Analyse – du darfst sie nämlich selbst machen. Nach dem Gesetz der Resonanz kannst du im Außen nur die Menschen und Situationen anziehen, die einen Spiegel deines Inneren darstellen. Siehst du die Schönheit im anderen, dann hast du gerade die Schönheit deines eigenen Wesens entdeckt. Machen die anderen dich fertig, dann machst eigentlich du selbst dich fertig.

Eine kleine Parabel dazu:

Der Saal der tausend Spiegel

Irgendwo in einem Tempel gab es einen Saal der tausend Spiegel. Es begab sich, daß sich eines Tages ein Hund in diesem Tempel verirrte und in diesen Saal gelangte. Plötzlich, konfrontiert mit tausend Spiegelbildern, knurrte und bellte er seine vermeintlichen Gegner an. Diese zeigten ihm ebenso tausendfach die Zähne und bellten zurück. Worauf er noch tollwütiger reagierte. Das führte schließlich zu einer solchen Überanstrengung, daß er in seiner Aufregung daran starb.

Einige Zeit verging, und irgendwann kam ein anderer Hund in den gleichen Saal der tausend Spiegel. Auch dieser Hund sah sich tausendfach umgeben von seinesgleichen. Da wedelte er freudig mit seinem Schwanz, und tausend Hunde wedelten ihm entgegen und freuten sich mit ihm. Freudig und ermutigt verließ er den Tempel.

Keiner wird es je erfahren, aber frage dich selbst – wärst du eher ein Hund 1 oder ein Hund 2? Hund 2 ist der wesentlich bessere Besteller.

Wenn du ein „Hund-1-Typ" bist, solltest du erst recht bestellen. Erinnere dich: Die Natur ist an glücklichen Menschen interessiert, weil die besser auf den Planeten und alle Pflanzen und Bewohner achten. Je glücklicher der Mensch, desto mehr möchte er seinen inneren Überfluß der Freude teilen und auch die Natur bewahren.

Also alle Hunde 1 sind hiermit aufgerufen, „mal offen für die Möglichkeit" zu sein, daß von irgendwo – höchstwahrscheinlich von einer völlig unvermuteten Stelle – ein Hilfsanschubser kommt und der „universelle Bestellservice" mit der Zeit immer besser funktioniert.

4 Wieso funktioniert diese Technik?

Sie läuft und läuft und läuft...

Joseppe Zamboni baute 1835 in Verona eine mysteriöse Uhr, die, ohne jemals aufgezogen zu werden, seit 1835 auch heute noch läuft. Die Wissenschaft macht um diese Uhr kein großes Aufhebens. Man kann es nämlich nicht erklären, solange man nur an die Welt der Mechanik und Materie glaubt. Die Uhr steht heute im Clairington Laboratory an der Oxford University in England und läuft und läuft und läuft...

„Mysteriöses" wie diese Uhr gibt es auch in der Wissenschaft immer wieder, aber bislang findet man die Lösung nicht. Das Problem ist, daß die Gesetze der Wissenschaftler immer nur innerhalb eines abgeschlossenen Raumes funktionieren und stimmen. Dieser abgeschlossene Raum existiert aber in Wahrheit nicht. Wir sind immer eingebunden in die Energien des Kosmos. Wenn die Wissenschaft anfängt das zu verstehen, wird sie viele der heutigen „Wunder" verstehen und erklären können.

Löffel verbiegen mit dem Bewußtsein

Nicht Materie ist die eigentliche Realität, sondern Schwingung. Das belegen die Forschungen der Physiker, insbesondere der Atomphysiker.

Wäre nämlich der Kern eines Atoms erbsengroß, so wäre die Elektronenhülle circa 170 Meter weit weg vom Kern, und dazwischen gäbe es nur Nichts und Energie. Und auch dieser Kern und die Elektronen sind letztlich nur winzige Lichtteilchen, die man aber auch als reine Schwingung sehen kann. Mit anderen Worten: von fester Materie weit und breit keine Spur.

Von Uri Geller, dem Löffelbieger, habe ich beispielsweise früher fest geglaubt, er schummle irgendwie und sei halt ein guter Illusionskünstler. Inzwischen haben mich mehrere Freunde und Bekannte eines Besseren belehrt. Löffelbiegen? – kein Problem.

Denn schließlich besteht so ein Löffel vorwiegend aus Nichts. Daß der Löffel die Form eines Löffels „normalerweise" beibehält, liegt an seinem Bewußtsein für diese Form. Das eigentliche Wunder besteht nicht darin, den Löffel mit Gedankenkraft weich zu bekommen (bei 170 Meter Platz zwischen Atomkern und Elektron...) – das Wunder besteht darin, wie in aller Welt dieses „Nichts" es jemals schafft, eine stabile Form beizubehalten... Ein echtes Rätsel!

Reiner zum Beispiel spricht mit dem Löffel und nimmt ihn als Teil des Gesamtbewußtseins ernst. Er sagt dem Löffel, daß er sich als ganz besonderes Kunstwerk aus den Hunderttausenden von Löffeln herausheben kann, wenn er sich weich macht und verbiegen läßt. Er streichelt den Löffel und "schmust" mit ihm. Innerhalb einer Sekunde verdreht er ihn mehrmals spiralförmig, vielleicht noch mit einem Knick vorwärts, seitwärts oder rückwärts – wie's gerade kommt. Der Löffel sieht danach aus wie angeschmolzen und dann völlig verdreht. Das geht ohne "Rücksprache" mit dem Löffel nur mit Hochofenhitze und Zangen. Aber wenn man dem Löffel gut zuredet ...

Ein Freund von mir schickt Energie aus der Sonne in den Löffel, und eine andere

Bekannte bittet ihre Schutzengel um Hilfe. Die Technik scheint egal zu sein, man muß nur darauf vertrauen, daß es geht.

FAZIT: Wenn man superfeste Edelstahllöffel so mir nichts dir nichts spiralförmig am Stil aufdrehen kann, dann kann man ja wohl erst recht und viel leichter die richtige Wohnung, den richtigen Partner, den idealen Job etc. etc. etc. einfach bestellen!

MERKE: Gedanken formen Materie. Und wenn du eine physische Demonstration brauchst, bestell' dir eine, oder besuche ein Löffelbiegeseminar auf den Baseler Psi-Tagen oder ähnliches. Oder fahre zur Grotte von Lourdes und sieh dir die Dokumente über die 2000 wissenschaftlich anerkannten „Wunderheilungen" an.

Das Bewußtsein der „Freien Energie"...

...haben auch indische Yogis, die sich in Tanzritualen und mit Atemtechniken schmerzunempfindlich machen. Sie lassen sich nach einem solchen Ritual mit einem Dutzend Spießen die Haut durchstechen. Weder fließt ein Tropfen Blut, noch bleibt eine einzige Narbe oder Wunde übrig. Interessant wird es, wenn sich dann der Meister einer solchen Gruppe selbst ans Werk macht. Es gibt einen, der schneidet sich vor westlichem Publikum und laufenden Kameras ein Stück Zunge ab, zeigte das Stück und seine "Restzunge" im Kreis herum, wartet bis die Kamera die Naheinstellung hat und "klebt" sich dann das Stück nahtlos wieder an. Nur eines ist streng verboten: Kein Skeptiker darf ihn während dieser Vorführung berühren. Wer die unterschiedlichen Wirkungen verschieden hoher Schwingungen und Energien schon selbst erlebt hat, weiß wieso: Die niedrige Schwingung eines angespannten oder zweifelnden Menschen könnte die Schwingung des Meisters so herunterziehen, daß er seine Zunge nicht mehr ordentlich ankleben kann.

Das ist dasselbe, als wenn du singend und pfeifend ins Büro kommst und es haut dich gleich einer an: „Pfui Spinne, was pfeifst du denn so gräßlich falsch? Verschon' uns doch bitte!" Deine Stimmung sinkt sofort ab, und du bekommst deine Melodie nicht mehr richtig hin. Dieser Yogi bekommt dann halt seine Zunge nicht mehr hin...

7:10 000

Mit unserer linken, logischen Gehirnhälfte können wir circa sieben Eindrücke pro Sekunde aufnehmen (Licht, Geräusche, Gerüche etc.). Mit der rechten, bildhaften Gehirnhälfte nehmen wir bis zu 10 000 Eindrücke pro Sekunde auf. Die meisten davon lagern dann in unserem Unterbewußtsein, d.h. mit anderen Worten: Das Verhältnis von dem, was wir bewußt sehen und verstehen, zu dem, was unsere innere Stimme, unser Unterbewußtsein weiß, ist circa 7:10 000.

Wir wissen also mindestens tausendmal soviel, wie wir wissen, daß wir wissen. Alles klar?

5 Wie funktioniert dieser Bestellservice und warum soll ich dazu gut drauf sein?

Dazu wieder ein kurzes Beispiel: Magdalene Ertl wohnt im dritten Stock eines Mietshauses und parkt ihr Auto regelmäßig in der Tiefgarage des Hauses. Eines Tages wollte sie wie immer mit dem Aufzug in die Tiefgarage fahren, um ihr Auto zu holen. Da kam ihr der plötzliche Einfall, heute doch mal die Treppen zu nehmen. Ohne lange nachzudenken, war sie schon auf der Treppe.

Als sie im Erdgeschoß vorbeikam, sah sie draußen vor der Tür einen Kurierfahrer mit einem Päckchen auf das Haus zukommen. Plötzlich wußte sie, weshalb sie die Treppe genommen hatte. Sie öffnete die Tür und begrüßte den erstaunten Kurierfahrer mit den Worten: „Das ist für mich, das Päckchen." So war es dann auch.

Das Geniale ist im Einfachen erkennbar. Der Kurierfahrer wäre morgen wiedergekommen. Aber wer weiß, wie oft wir an einmaligen Gelegenheiten einfach mit dem Aufzug vorbeifahren, weil wir den winzigen kleinen Impulsen nicht nachgehen wollen. „Wieso Treppe, ich fahre immer mit dem Aufzug."

Und genauso funktioniert er nämlich, der universelle Bestellservice. Du bestellst, und der UPS-Fahrer (Universeller Parcel Service) fährt dir hinterher und will dir das bestellte Paket ausliefern. Aber du, störrisch wie du bist, willst einfach nicht auf diese kleinen Impulse aus der Bauchgegend hören: „Wieso Treppe, ich fahre immer mit dem Aufzug."

Wie im wahren Leben, wird es auch der Universelle Parcel Service öfter versuchen – die wollen schließlich ihr Paket auch loswerden. Je offener, je mehr im Vertrauen, je mehr du du selbst bist, desto mehr hörst du auf deine innere Stimme und läßt dich gar nicht stören, wenn andere deswegen mal schräg gucken. Dein oberstes Gebot lautet: „Was sagt mein Bauch? Will ich das wirklich? Bin das wirklich ICH? Oder will ich heute lieber faul auf dem Sofa liegen, statt unheimlich wichtig mit diesen Leuten hier essen zu gehen? Und wenn ich doch gehe, kann ich mir dann mit Freude dessen bewußt sein, daß ich diese Entscheidung getroffen habe und daß ich gar nichts muß?"

Mit dieser Grundhaltung wirst du sensibler, wenn das Handy vom KB-Netz (Kosmisches Bestellnetz) in dir drinnen klingelt und verkündet: „Heute eine Stunde früher aufstehen und joggen gehen." Oder: „Treppe nehmen". Oder: „Heute bitte links um den Block gehen und mit dem alten Mann an der Wurstbude quatschen. Der hat einen netten Neffen, in dessen Firma genau dein Traumjob bald frei wird, aber das verraten wir dir erst nächsten Monat…"

6 Wie lerne ich, auf meine innere Stimme zu hören

(Damit ich es nicht überhöre, wo und wann die Auslieferung meiner Bestellung erfolgen soll)

Hier kommen wir also zum schwierigsten Kapitel...? Nein, stimmt gar nicht. Reingelegt! Das ist das einfachste Kapitel.

Die Technik ist äußerst simpel, aber um zu erklären, warum sie so gut funktioniert und warum gerade dieser Punkt so wichtig ist, muß ich ein wenig ausholen.

Es geht darum, EINE STÄRKERE VERPFLICHTUNG DIR SELBST GEGENÜBER EINZUGEHEN.

Was soll das heißen? Ganz einfach, indem du eine stärkere Verpflichtung dir selbst gegenüber eingehst, erklärst du dir selbst und deinem Unterbewußtsein deine Absicht, deine Wahrheit zu leben. Zur Erinnerung: Die Natur ist an glücklichen Menschen interessiert, da glückliche Menschen auch die Natur freundlich behandeln. Kein Baby kommt mit schlechter Laune und „cool drauf" auf die Welt.

Forscher haben festgestellt, daß sich bei autogenem Training und tiefer Entspannung die Oberflächenspannung der Haut ändert und daß es unmöglich ist, negativ zu denken, wenn man völlig entspannt ist.

ES IST UNMÖGLICH, NEGATIV ZU DENKEN, WENN MAN ENTSPANNT IST.

Das heißt, deine wahre Natur ist, glücklich zu sein. Denn du mußt dich verspannen und verkrampfen, um unglücklich zu sein.

Wenn du dir selbst gegenüber eine stärkere Verpflichtung eingehst, erklärst du damit auch deine Absicht, den Mut zu beanspruchen, der nötig ist, um deine Wahrheit zu leben. Du erklärst, daß du in Einheit leben möchtest und in Liebe und in der Freude, die all diesen Dingen ganz natürlich folgt.

* * * * *

Auf den folgenden Seiten mit freundlicher Genehmigung des Urhebers ein Text aus einer geführten Meditation (aus den USA).

Die Teilnehmer liegen dabei bequem auf ihren Decken, lauschen schöner entspannender Meditationsmusik und hören dazu den folgenden Text. Der Text ist rein zum Lesen genauso aufschlußreich, was dich nicht hindern soll, deinen Lieblingstee zu kochen und schöne Musik dazu aufzulegen:

Make a stronger Commitment to yourself (Geh' eine stärkere Verpflichtung dir selbst gegenüber ein)

Möchtest du dich jenseits aller Therapien, Seminare, Sessions möglichst schnell und effektiv entwickeln? Alle noch verbliebenen alten Muster loswerden? Möchtest du dich herausentwickeln aus allen alten Gewohnheiten und Verhaltensautomatismen, die nicht länger zu dir gehören?

Die meisten kennen viele Ursachen für alte Muster und sind auch schon viele Muster losgeworden. Aber möglicherweise schlummern da ja doch noch ein paar Gewohnheiten im Unterbewußtsein, so daß du nicht mehr wirklich „du selbst" bist. Sie beeinflussen dich noch immer, weil sie in dein Unterbewußtsein geglitten sind und dir der Natur des Unterbewußten gemäß nicht bewußt sind. Aber sie stören und bremsen deinen Selbstausdruck, indem sie dir Gedankenformen und Handlungsmuster vorgeben, die du, wärest du dir ihrer bewußt, nicht haben wollen würdest.

Einiger bist du dir sogar bewußt, du würdest es vorziehen, sie nicht zu haben; und doch behältst du sie irgendwie bei, ohne es selbst erklären zu können. Es ist Zeit, all diese Dinge loszuwerden! Sie sind dir im Weg. Alles, was automatisch ist, ist ein Hindernis für dich. Das Leben soll ein Weg von wachsendem Bewußtsein werden. Und deshalb schlagen wir dir vor, daß du beginnst, eine stärkere Verpflichtung dir selbst gegenüber einzugehen. Es ist ganz einfach.

Alles, was du benötigst, ist die Absicht, frei zu werden. Und mit dieser Absicht bittest du dein Selbst, eine stärkere Verpflichtung dir selbst gegenüber einzugehen.

Was ist damit gemeint? Mit dieser stärkeren Verpflichtung dir selbst gegenüber? Wie kann sie dich beeinflussen? Wozu ist sie gut? Wir werden ein paar Worte über diese Dinge sagen.

Indem du eine stärkere Verpflichtung dir selbst gegenüber eingehst, erklärst du deine Absicht, deine Wahrheit zu leben. Du erklärst deine Absicht, den Mut zu beanspruchen, der nötig ist, um deine Wahrheit zu leben. Du erklärst, daß du in Einheit leben möchtest und in Liebe und in der Freude, die all diesen Dingen ganz natürlich folgt. Jedesmal, wenn du beschließt, eine stärkere Verpflichtung dir selbst gegenüber einzugehen, stellen sich all diese Dinge automatisch mit ein.

Man hat dir bisher etwas anderes beigebracht, nämlich, dich zuerst um die anderen zu kümmern. Du hast gelernt, daß du dich zuerst um die Ehefrau oder den Ehemann oder die Kinder, um Verwandte, Eltern oder Großeltern kümmern mußt. Du mußt dich um deine Freunde und Nachbarn kümmern, und du mußt all diese Dinge tun, bevor du dich um dich selbst kümmerst.

Die Gesellschaft bringt dir bei, dich zu opfern und andere an erste Stelle zu setzen. Lieber Leser, das ist ein Weg, um dich von deiner eigenen Quelle zu trennen. Geh' eine stärkere Verpflichtung dir selbst gegenüber ein! Setz' dich selbst an die erste

Stelle. Vor allen anderen. Paß auf dich selbst auf, vor dem Ehemann, vor den wundervollen Kindern, vor den Eltern. Setz' dich selbst an die erste Stelle, und paß auf dein Selbst auf! Lebe deine eigene Wahrheit. Und die Dinge werden beginnen, sich in deinem Leben zu verändern.

Wenn du andere an die erste Stelle setzt, wenn du daran arbeitest, dich zuerst um die anderen zu kümmern, bevor du dich um dich selbst kümmerst, wirst du müde. Du wirst ausgezehrt und willst nichts anderes mehr tun. Und wenn du diese Müdigkeit spürst, diese Erschöpfung, und du sollst trotzdem noch etwas und noch etwas tun, dann wirst du immer verstimmter, und ein innerer Groll beginnt zu wachsen. Du wirst immer verstimmter, aber du mußt dich um diese anderen kümmern, obwohl du so müde bist. Du bist verstimmt und hast keine Zeit für dich selbst. Aber du bist bereits programmiert worden, daß dies das ist, was du tun solltest. Deshalb drückst du natürlich deine Verstimmung nicht aus. Und so behältst du sie im Inneren. Und die Verstimmung wächst zu Ärger und Frustration. Du fühlst dich ärgerlich und frustriert und hast das Gefühl, du solltest den anderen helfen, ohne verärgert zu sein – und so beginnst du, dich selbst zu verurteilen.

„Ich bin nicht gut genug!" „Ich kann mich nicht um all die anderen kümmern, um die ich mich kümmern sollte, bevor ich mich um mich selbst kümmere." „Ich bin nicht gut genug. Ich bin nicht stark genug. Ich sollte all diese Menschen lieben, nicht sie hassen." Die Selbstverurteilung wächst.

Der Ärger und die Frustration über die anderen wachsen. Natürlich behältst du das alles in dir drinnen. Und die Freude daran, anderen zu helfen, verschwindet. Du versinkst in diesem Ärger und in dieser Frustration und dieser Selbstverurteilung. Die Lösung ist ganz einfach: Geh' eine stärkere Verpflichtung dir selbst gegenüber ein! Stell' dich selbst an die erste Stelle. Kümmere dich um dich selbst. Wenn du dich selbst liebst, dann ist große Freude in dir. Wenn du dich selbst liebst, wenn du dich glücklich fühlst, dann schaust du dich um: „Wie kann ich meine Freude teilen? Wie kann ich diese Liebe teilen? Diese Liebe ist so stark, wem kann ich sie geben? Denn da ist noch so viel mehr im Inneren, das herauskommen möchte." Und dann beginnst du, anderen zu helfen. Aber mit Freude und großer Wertschätzung dafür, daß sie dir erlauben, etwas von deiner Liebe und Freude mit ihnen zu teilen! Du bist dankbar für die Gelegenheit, von diesem Überfluß mit großer Freude geben zu dürfen! Darum: Setze immer dein Selbst an die erste Stelle! Geh' eine stärkere Verpflichtung dir selbst gegenüber ein!

Sieh dir den Ehemann und Vater an, der jeden Tag zur Arbeit gehen muß, weil er sich um die Familie kümmern muß. Er liebt sie, er möchte sich um die Familie kümmern, aber weil er es sich nicht erlaubt, sich um sich selbst zuerst zu kümmern, kriecht die Verstimmung nach innen. Er muß zur Arbeit gehen, weil er das Geld braucht, um die Rechnungen zu bezahlen. Weil er zur Arbeit gehen muß, muß er tun, was der Boss sagt. Auch wenn es nicht seine eigene Wahrheit ist. Wenn der Boss sagt: „Tu es!" dann muß er es tun. Denn wenn er die Wahrheit sagt, könnte er seinen Job verlieren. Und anstatt seine Wahrheit zu leben, sagt er: „Ja, Chef. Selbstverständlich, Chef." Er gibt seine Kraft weg.

Er lebt seine Wahrheit nicht, weil er Angst hat, seinen Job zu verlieren und nicht in der Lage zu sein, für die Familie zu sorgen. Und so geht er zur Arbeit, zu einer Arbeit, in der er nicht die Freude spürt, die es macht, wenn man seine Wahrheit lebt. Er fühlt sich verstimmt und verärgert dem Boss gegenüber, weil der ihn anweist, Dinge zu tun, die er nicht tun möchte. Oder er mag die Art nicht, mit der ihn der Boss behandelt. Aber er muß die Familie versorgen, und deshalb muß er leiden. Keine Energie, keine Freude. Er lebt seine Wahrheit nicht. Er kommt nach Hause, müde, frustriert und niedergeschlagen. Weil er seine Gefühle in der Arbeit verbergen muß, jeden Tag, wird es für ihn zur Gewohnheit, seine Gefühle nicht auszudrücken.

Er bleibt verschlossen, wenn er nach Hause kommt. Seine Familie möchte ihre Freude mit ihm teilen, aber alles, was er noch zu tun fähig ist, ist, sich in den Sessel zu setzen und fernzusehen oder die Zeitung zu lesen. Er hat wenig zu sagen, ist abgeschnitten von seinen Gefühlen. Und die Verstimmung wächst. Die Verstimmung gegenüber der Familie, denn die Familie hält ihn in diesem Job fest. Er muß dies tun, ihretwegen. Die Liebe zu seiner Frau und den Kindern erstickt mehr und mehr in Verstimmung, Ärger und Frustration.

Das ist unsere Welt. Die Geschichten mögen sich von Fall zu Fall ein wenig unterscheiden, aber dies ist unsere Welt. Und darum: Geh' eine stärkere Verpflichtung dir selbst gegenüber ein. Wenn du eine stärkere Verpflichtung dir selbst gegenüber eingehst, dann entsteht Freude! Du fühlst dich verbunden mit dir selbst, verbunden mit dem Universum. Wenn du zur Arbeit gehst, und der Boss ist ungenießbar und weigert sich, mit dir zu diskutieren, dann wirst du nicht wünschen, dort zu bleiben. Du wirst einfach gehen. Du wirst eine Arbeit nicht länger nur fürs Geld tun. Und du wirst keine Angst haben, denn du fühlst deine Verbindung zu deinem Selbst. Du fühlst deine Verbindung zum gesamten Universum. Wenn du deine Wahrheit lebst, wirst du unterstützt werden! Du fühlst es! Du weißt es! Und so gehst du einfach fort und suchst dir eine andere Arbeit. Eine Arbeit, bei der du gewürdigt wirst, kreativ sein kannst.

Eine Arbeit, von der du nach Hause kommst, angefüllt mit der Freude der Kreativität und des Teilens mit Freunden. Du wirst diese Freude mit nach Hause zur Familie bringen und großen Respekt und große Liebe für sie empfinden. Und die Liebe, die Mann und Frau zueinander führte, die Liebe, die die Kinder in die Familie zog, wächst, wird tiefer und berührt viele. Meine Lieben, es ist Zeit! Es ist Zeit für Veränderung. Es ist Zeit, eine stärkere Verpflichtung euch selbst gegenüber einzugehen!

Du bist dir bewußt, daß du viele Gewohnheiten hast, viele unbewußte Gedankenmuster, von denen du nicht wünschst, daß sie überhaupt da sind, aber sie sind da. In der Vergangenheit hast du vielleicht versucht, sie zu verstehen, und du hast versucht, sie zu analysieren: Warum bin ich so? Was habe ich falsch gemacht? Wie kann ich mich ändern? Zu welchem Therapeuten soll ich gehen? Wie viele Gruppen kann ich dieses Jahr besuchen?

Vielleicht hast du ein wenig nachgedacht und verstanden, woher diese Gewohnheiten und Gedankenmuster kommen. Wir sagen dir jetzt: Es ist keine Zeit mehr, wei-

ter zu analysieren oder etwas aufzuarbei-
ten. Es ist Zeit, diese Gedankenmuster,
diese Gewohnheiten, die dir nicht länger
dienlich sind, einfach aufzulösen. Diese
simple Methode ist alles, was du brauchst:
Geh' einfach eine stärkere Verpflichtung
dir selbst gegenüber ein! Wenn du eine
stärkere Verpflichtung dir selbst gegenüber eingehst, löst du diese Gedankenmuster auf. Diese Gedankenmuster sind
nur Energie. Sie werden in deinem Energiekörper festgehalten, weil du fortfährst,
Energie in sie hineinzusenden. Jedesmal,
wenn du über deine Schwierigkeiten und
Automatismen nachdenkst, stärkst du sie.
Weil du deine Gedankenkraft genau darauf richtest. Jedesmal, wenn du versuchst,
sie zu analysieren, stärkst du sie! Und deshalb: Geh' von diesem Moment an, wo du
dies liest und wann immer du etwas an
dir bemerkst, das dir nicht gefällt, genau
in diesem Moment des Bewußtwerdens
eine stärkere Verpflichtung dir selbst gegenüber ein!!

Diese einfachen Worte: „Ich gehe eine
stärkere Verpflichtung mir selbst gegenüber ein!" senden eine Energie aus, die
beginnt, dieses Gedankenmuster aufzulö-

sen! Fahre fort, dies zu tun. Jedesmal, wenn dir etwas begegnet, das du nicht länger in deinem Energiekörper haben möchtest, denke: „Ich gehe eine stärkere Verpflichtung mir selbst gegenüber ein!" Und Wunder werden geschehen! Sei bereit für die Wunder! Analysiere nicht, geh' statt dessen eine stärkere Verpflichtung dir selbst gegenüber ein!

Es wird ein paar Tage dauern, während du diese Technik intensiv anwendest, doch dann wirst du beginnen, kleine Veränderungen wahrzunehmen. Erkenne die Veränderungen an. Es ist wichtig, die Veränderungen anzuerkennen. Du wirst bemerken, daß dir immer öfter Dinge bewußt werden, die du nicht länger haben möchtest. Erkenne diese höhere Wahrnehmung an, und geh' eine stärkere Verpflichtung dir selbst gegenüber ein. Diese Gedankenmuster und Gewohnheiten werden beginnen sich aufzulösen. Jedesmal, jedes einzelne Mal, wenn dir etwas an dir selbst auffällt, das du nicht länger haben möchtest, analysiere nicht, versuche nicht, es zu ändern. Geh' einfach nur eine stärkere Verpflichtung dir selbst gegenüber ein! Das bedeutet, daß du alles wiederfindest:

deine Freude, deine Liebe, deine Wahrheit und den Mut, deine Wahrheit zu leben, dich selbst zu leben und unterstützt zu werden von der Gesamtheit der Existenz.

Fühle die Energien des gesamten Universums um dich herum. Lade sie ein in deinen Körper. Sage der gesamten Existenz, daß du bereit bist, unterstützt zu werden. Du bist bereit, deine Wahrheit zu leben. Du bist bereit, das zu leben, was du bist. Du bist bereit, eine stärkere Verpflichtung dir selbst gegenüber einzugehen. Denn du weißt, wenn du voll Freude bist, wird deine Freude überquellen und sich mitteilen. Leben ist Fülle. Lebe deine Fülle!"

Quelle: Stargates, Adresse siehe Anhang

7 Dein natürlicher Zustand ist, entspannt zu sein

Stell' dir vor, du würdest dein Hemd oder deinen Pullover, den du gerade trägst, an einer Stelle nehmen und wie beim Auswringen aufdrehen. Um den Pullover in diesem Zustand (dem verspannten, gestreßten Zustand) zu halten, mußt du Energie aufwenden. Sobald du dich entspannst und keine Energie mehr aufwendest, dreht sich der Stoff von allein wieder auf und hängt sich wieder aus in seinen natürlichen Zustand.

Dein natürlicher Zustand in Entspannung bewirkt außerdem, daß du gar nicht negativ denken kannst (wie ziemlich am Anfang von Kapitel 6 beschrieben). Du mußt Energie aufwenden, um dich schlecht zu fühlen.

Aha. Merkst du was? Du mußt nur NICHTS tun, und schon läuft alles von allein. Das stimmt fast. Wir haben uns alle ziemlich an unseren angespannten Zustand gewöhnt. Alles, was dir hilft, dich zu entspannen, bringt dich deinem natürlichen Zustand des Glücklichseins und des „Ich kam, bestellte (wünschte) und erhielt" näher. Gemäß der „stärkeren Verpflichtung dir selbst gegenüber" kannst du selbst am allerbesten herausfinden, was dir am ehesten dabei hilft.

Nachfolgend eine völlig unverbindliche Liste mit Möglichkeiten zum Entspannen, unter denen du etwas auswählen kannst. Oder denk' dir selbst was aus!

1) Zum „Sporteln" gehen, Schwimmen, Radfahren, Tanzen, Wandern etc.
2) Du nimmst Yoga-Stunden (Probestunden sind fast überall möglich).
3) Tai Chi bringt Geist, Körper und Seele in Fluß und erhöht ganz besonders die Wahrnehmungsfähigkeit.
4) Irgendeine Meditationsart, was immer dich anspricht.
5) Nimm dir einen Öko-Anzeiger und lies mal nach, was du besonders spannend findest – eine Wasser-Shiatsu-Behandlung vielleicht oder eine besondere Massageart.
6) Vielleicht entspannt es dich am meisten, das Telefon auszustecken, dein

Leibgericht zu kochen und danach mit geschlossenen Augen deiner Lieblingsmusik zu lauschen.

7) Vielleicht solltest du mal ohne deinen Partner mit einem alten Jugendfreund ein Wochenende verreisen. Das ist nicht gegen deinen Partner, sondern für dich.

8) Besonders effektiv ist es, mal „was ganz anderes" zu tun. Immer, wenn man etwas Ungewohntes tut, ist man besonders mit allen Sinnen bei der Sache und völlig abgelenkt vom Alltag. Such' dir etwas aus, das du noch nie gemacht hast; Tu' es gerade deshalb, und genieße bewußt die besondere Erfahrung.

Fühl hinterher nach, wie es war. Warst du entspannt, hattest du Spaß, oder warst du noch gestresster als sonst? Such' dir eine ganz besondere Erfahrung aus, die vielleicht deinen kindlichen Spieltrieb oder „Unfug-Stiftungs-Trieb" anspricht (harmloser Unfug natürlich nur).

Z.B.: Warst du noch nie...

... im Fitnesscenter? Geh' doch einmal hin. Stürz' dich auf die verrücktesten Geräte!

... im römischen Dampfbad, oder vielleicht

... morgens um 6 Uhr im Wald oder auf dem Markt,

... um 4 Uhr morgens in der Absacker-Kneipe. Du kannst ja erst um 3.30 Uhr aufstehen, wenn du nicht so lange aufbleiben willst.

... usw. usf.

Mach' einen Termin mit dir selbst. („Jaja, irgendwann" gilt nicht.) Geh' eine stärkere Verpflichtung dir selbst gegenüber ein, und wenn du willst, dann mach' auch einen Termin für dich selbst mit dir selbst, den du einhalten solltest.

9) Ähnlich entspannend ist ein Geschenk an unsere kindliche Seite. So erwachsen kann man gar nicht sein, daß man nicht auch einen Spieltrieb hat. Geh' doch mal in eine besonders große Spielwarenhandlung, und kauf' dir selbst etwas (du mußt ja dem Verkäufer nicht sagen, daß es für dich ist). Beim kindlichen Spielen ist man meist ganz weggetreten und vergißt alle Anspannungen.

Vielleicht möchtest du auch nur ein Märchen für deine ganz besondere Entspannung lesen. Oder dein Lieblingskinderbuch von früher.

Vielleicht hast du auch mal Lust, ganz anders auszusehen. Wie reagiert die Welt auf dich, wenn du als Punk erscheinst? Wenn du in Bayern wohnst, kannst du auch ein Wochenende nach Travemünde fahren und dort im Spielcasino in einem Styling aufmarschieren, in dem du dich sonst nie unter die Leute wagen würdest. Viele Kinder verkleiden sich gerne. Vielleicht macht es dir auch Spaß, und du erzählst noch in 20 Jahren deinen Enkeln oder Freunden davon. Vielleicht hockst du dich in Arbeiterkleidung mal in eine richtig derbe Stammtischkneipe oder Spelunke.

10 bis unendlich) Kannst du dir selbst einfallen lassen. Nimm dir Zeit, und fühl in dich hinein, was dich besonders entspannen könnte. Das kann jede Woche etwas anderes sein. Du mußt nicht jedes Mal dieselbe Entspannung machen. Fühle, was du jetzt, hier und heute möchtest.

Je mehr und öfter du dich entspannst, desto mehr kehrst du in den natürlichen Zustand zurück, in dem du gar nicht negativ denken kannst und in dem alles dir zufließt, was du dir wirklich wünschst und was du im entspannten Vertrauen bestellen kannst.

8 Innerer Friede
– ein Allheilmittel

Innerer Frieden ist der Superbestellmultiplikator, weil man viel mehr in Fluß mit inneren Kräften und der inneren Stimme kommt.

Angefangen hatte alles damit, daß meine Tante Maryta zum Arzt ging und diesem ihre diversen Leiden vorführen wollte. Aber nicht einmal auf die Ärzte ist heutzutage mehr Verlaß. Dieser Mensch wollte nichts sehen, das sei völlig unerheblich. Erheblich hingegen sei, warum sie sich diese Krankheit überhaupt zugezogen habe. Zu kurieren sei einzig und allein die geistige Einstellung. Denn wenn der Mensch seelisch gesund ist, verschwinden auch die kleinen Wehwehchen, so der Arzt.

Es dauerte nicht lange, und das „Behandlungsgespräch" war bei „der Quelle des Lebens" angelangt – bei der Liebe. Sich selbst und alle anderen sollte Maryta lieben. Schwer zu sagen, was ihr schwieriger erschien. „Man kann doch nicht alle..., so unmöglich wie doch manche Leute, und erst der Huber von nebenan...!"

Doch, man könne: „Wenn Sie mal einen ganzen Tag lang mit Ihrem größten Widersacher zusammen im Aufzug eingesperrt wären, und der würde Ihnen seine ganze Lebensgeschichte erzählen, dann könnten Sie auch den...!" so der Arzt.

Und dann begann die „Friede-sei-mit-dir"-Epedemie! Wann immer jemand vor Maryta stünde, der ihr in dem Moment herzlich zuwider sei, sie nerve oder ärgere, sollte sie „Friede sei mir dir!" denken. Das löse Spannungen, Aggressionen und Ärger, und sie würde täglich gesünder werden.

Ausprobieren schadet nichts, und die nächste Gelegenheit ergab sich an der Fischtheke im Supermarkt: „Crevetten bitte! — Aber neeeein (Friede sei mit dir), das sind doch Riesengarnelen (Friede sei mit dir). – Nein, das sind leider auch keine (Friede sei mit dir) Crevetten. Schau'n Sie, die kleinen da drüben (Friede...)."

Endlich waren es die richtigen. In die Verkaufsschale wanderte nur ein winziger Löffel voll und dann zur Preiswaage. („Lächerliche Portion, aber ich sag' nichts mehr – Friede sei mit dir!"). Preisschild drauf – ein Blick links, ein Blick rechts – Deckel wieder auf und das Schälchen bis oben hin vollgehäuft. Ein verschmitzter Blick der Verkäuferin: „Ich hab' Ihnen noch was draufgetan!" Maryta fassungslos. Die wird doch nicht irgendwie gespürt haben… Also das kann doch nicht sein. Der Härtetest in den nächsten Tagen ergab, daß scheinbar alles möglich ist.

Nicht lange darauf kam die 10jährige Tochter jammernd aus dem Kinderhort: „Der Kai, der ist immer so blöd zu mir." Mit der neuen Lebensansicht wußte Maryta nichts anderes zu antworten, als daß die Chancen vielleicht am besten stünden, wenn die Tochter sich gar nicht beirren lasse und ihrerseits auch gar nicht böse oder beleidigt sei. Und schon wurde ihr die „Friede-sei-mit-dir"-Technik erklärt.

Drei Tage später: „Also Mama, jetzt hab' ich dem schon so oft 'Friede sei mit dir' gedacht, und der ist immer noch so blöd." – Hhm, schwierig, vielleicht dauert es ja bei manchen Menschen etwas länger.

Nicht lange danach: „Also Mama, weißt du was – jetzt hab' habe ich ihm gesagt, daß er immer so blöd ist und daß ich immer 'Friede sei mit dir' denke, wenn er so blöd ist. Und jetzt sagt er dem Peter 'Friede sei mir dir', weil er den so blöd findet, und die Gaby sagt dem Uwe 'Friede sei mir dir'…!"

Es soll jaaa keiner glauben, daß Kinder solche Gedanken nicht verstehen. Valentina hat genau verstanden, wovon ihre Mutter Maryta redete. O-Ton Kind: „Das ist schon blöd mit der Oma, daß die immer so negativ denkt. Immer befürchtet sie das Schlimmste, und deshalb sieht sie auch nichts anderes. Das müssen wir ihr doch einfach mal sagen…!"

Wenn es um „Leben pur" geht, gibt es weder altersbedingte noch berufliche Trennungen. Es spricht einfach nur noch eine Seele zur anderen, und sie verstehen sich. Jeder kann die „zufällige" Übereinstimmung der Erlebnisse in dieser Geschichte selbst überprüfen. Ein paar „Friede-sei-mir-dir" weiter, und du weißt vermutlich selbst, wie Gedanken wirken. FRIEDE SEI MIT DIR!

FRIEDE SEI MIT DIR
– Live aus dem Alltagsgeschehen (I)

Der Penner auf der Rolltreppe

Montagmorgen, U-Bahn. Ich stehe auf der Rolltreppe und vor mir ein Penner. Eben hat er sich eine Zigarettenschachtel aus dem Müll gefischt. Jetzt macht er sie auf, stellt fest, es hat keiner seine letzte Kippe vergessen, und „pfffft" – im hohen Bogen landet die leere Schachtel vor ihm auf einer Rolltreppenstufe.

„Gesocks, Penner, Negativling, Sumpfbruder. Kein Wunder, wenn die Welt zugrunde geht!" denke ich. „Aber, aber", meldet sich der spirituell trainierte Teil meines Bewußtseins. „Wer wird denn gleich in die Luft gehen?!" Gelesen und gelernt habe ich ja schon viel. Und einiges fällt mir auch jetzt wieder ein: „Wenn jemand etwas Dummes tut, fällt ihm nur im Moment nichts Besseres ein." „Glückliche und zufriedene Menschen ehren und achten die Natur." „Wenn du jemanden so liebst, wie er ist, dann ist seine Seele glücklich und kann heilen."

OK, OK, es langt! Ich habe mich wieder

beruhigt. Denke „Friede sei mir dir, Bruder" und fühle richtig, wie auch der Frieden in meiner Seele wieder einkehrt. Und genau in diesem Moment, als ich die Welle des Friedens in mir spüre, dreht dieser obdachlose Mensch vor mir seinen Kopf, sieht seine Schachtel an, hebt sie auf und wirft sie oben in den Papierkorb.

FRIEDE SEI MIT DIR
– Live aus dem Alltagsgeschehen (II)

Auf dem Weg zum Flughafen

Ich saß früh morgens um 6 Uhr in der S-Bahn zum Flughafen, und meine Laune war mittelmäßig. Im Bett liegen wäre einfach besser gewesen.
Kurze Zeit später stieg so ein Ich-dachte-mittlerweile-überholter-aber-da-habe-ich-mich-wohl-getäuscht-Yuppi ein und setzte sich schräg gegenüber von mir hin. Er drapierte sich klischeegemäß auf seinem Sitz. Coole Haltung, die Augenbrauen ebenfalls in der leicht-genervten-aber-furchtbar-wichtigen Managerposition. Ein Arm in die Hüfte gestemmt, die andere Hand, höchst

konzentriert erscheinend, am Kopf haltend. Natürlich das Aktenköfferchen und Handy neben sich. Anzügelchen, Yuppi-Mäntelchen und eben einfach furchtbar. Mit wachsender Verachtung studierte ich den blasiert wichtigen und selten dummen Gesichtsausdruck.

Da rief es wieder – das spirituelle Gewissen: „He du, auch den könntest du lieben – nach acht Stunden im Aufzug..." Oh Sch... – stimmt, ich erinnere mich. Aber wie um alles in der Welt soll man es anstellen, von so jemandem nicht genervt zu sein? Das geht doch gar nicht. Also Freunde (die da oben, das Universum, wer auch immer), wenn ihr meint, DEN soll ich auch so akzeptieren, wie er ist, dann müßt ihr mir helfen. Das ist zuviel verlangt!

Ich gab mir Mühe und dachte immer wieder „Friede sei mit dir – du Depp. Ähhh – nochmal: Friede sei mit dir, eingebildeter Lackaffe." Mist! Ich bekam dieses angewiderte Gefühl nicht weg. Und das Ziel wäre ja gewesen, dachte ich, hingucken zu können, ohne angeekelt zu sein.

Aber wie immer, wenn man um Hilfe bittet, erhält man sie – sofern man eben der inneren Stimme zuhört und den Impulsen folgt. Ich hatte Glück. Ich hörte die Hilfe. Plötzlich kam mir die Idee, mir vorzustellen, ich säße im Kino, vor mir die Leinwand, und dieser Typ hätte soeben die Szenerie des Film betreten. Quasi als eine Art skuriles Unikum der 90iger Jahre, ein Hans Moser der Neuzeit. Immer grantig, eklig, aber immer lustig.

Ich brauchte nicht lange zu schauen – unter diesem Aspekt war der Typ einfach unbezahlbar. Oscarreif!! Hollywood vom Feinsten. Und diese Raffinesse in den Details – jede Bewegung vom Haarschopf bis zur Fußspitze stimmte. Ein selten begabter Schauspieler – besser noch als Robert de Niro. Mein Gefühl des Angewidertseins hatte sich schlagartig in ein Gefühl des hellen Entzückens verwandelt. So etwas Komisches hatte ich noch selten gesehen. Ich fühlte mich wieder gut, und auch der Typ hat lichte und keine grauschleirig verklebte Energie mehr von mir abbekommen. Friede sei mit ihm!

FRIEDE SEI MIT DIR
– Live aus dem Alltagsgeschehen (III)

Hallelujah!

Tja, ich wohne da in so einer hochluxuriösen Gegend mit unvergleichlichem Ambiente und unvergleichlichen Nachbarn. Eine dieser unvergleichlichen Nachbarinnen – sie wohnt quer über den Hinterhof im Vordergebäude des Nachbarhauses – hat die reizende Angewohnheit, so etwa gegen 1 oder 2 Uhr morgens mit all ihrer Stimmgewalt über den Hof zu brüllen: „Ihr Schweine! Ihr Arschlöcher! Ich zeig' euch alle an. Euch zeig' ich's. Schweine, Verräter…"

Sie hält lange Vorträge. Ich habe nicht vor, mir die Einzelheiten je zu merken, aber es ist ungemein lästig. Speziell um 1 Uhr morgens. Eines schwülen sommernachts war es mal wieder so weit. Sie hatte einen ihrer Anfälle und brüllte, was das Zeug hielt. Der Reihe nach brüllte es aus allen möglichen Fenstern zurück. Kein Mensch hielt seine Fenster geschlossen, bei den Temperaturen.

„Ruhe, du blöde Kuh." „Selber blöd – ihr

Schweine!!!!" „Schnauze da oben!" „Halt gefälligst dei Goschn." Es war ein schöner Zirkus. Ich malte es mir nicht als sehr effektiv aus mitzubrüllen. Aber ich wollte schlafen. Und zwar jetzt! Ich versuchte es mit Licht und Liebe senden, „Friede sei mit dir" und was mir noch so einfiel. Entweder es fehlte mir an Konzentration oder am rechten Glauben an diese Mittel für diesen speziellen Fall – jedenfalls ging das Gebrülle weiter.

Ich „funkte" mal wieder um Hilfe: „Leute, ich will schlafen. Unternehmt was!" Ich bin mir zwar nach wie vor nicht ganz sicher, ob es Schutzgeister oder irgendeine Gottheit wirklich gibt, aber die Erfahrung lehrt: Um Hilfe bitten hilft eigentlich immer. Und es schadet ja nicht.

Keine Ahnung woher, aber die Hilfe kam. Mir fiel eine meiner CDs mit gesungenen Mantras ein. Eines davon hat eine sehr schöne Melodie, und ein sehr schöner, engelsgleicher Chor singt immer wieder „Halleluja!" Ha, dachte ich mir, euch werde ich eine schöne Überraschung bieten! Ruhe brüllen hilft nicht, mal sehen, was ihr dazu sagt. Die Lautsprecherbox wurde Richtung Fenster gedreht und die CD eingelegt. An der richtigen Stelle drehte ich die Lautstärke auf volle Pulle. Es tönte dreimal hintereinander laut Halleluja über den Hof (wahrscheinlich kilometerweit).

Dann drehte ich den Lautstärkeregler auf Null und lauschte in die Nacht. „Einen Schock haben sie jetzt, das ist klar", dachte ich mir. „Aber zumindest die Alte da drüben wird doch sicher gleich einen ironischen Kommentar ablassen...??" Nichts! Nichts war, nichts kam mehr – absolute Totenstille. Ich konnte es kaum glauben. Ich konnte schlafen gehen, und kein Mucks war mehr zu hören. Ist ja egal, ob es der Schock war oder was sonst. Jedenfalls war Ruhe. Die Idee hatte gestimmt.

9   Grau ist alle Theorie –
wichtig ist das Erleben!

Es ist schön und wichtig, die Dinge zu lesen und theoretisch zu verstehen. Aber man muß auch die Kurve kriegen, sie in die Praxis umzusetzen. Toll ist, wenn man es dann eben einfach tut. Von jetzt auf sofort. Man kann sich aber auch noch einen „gescheiten Motivationsschub" von außen holen – wenn man möchte.

Manch einer geht hierzu auf Seminare. Da erlebt man „es" life. Für den einen das „Non-plus-ober-ultra" und der absolute Durchbruch, für den anderen Suchtgefahr. Außerdem gibt es sicher auch sehr viele seltsame Dinge auf dem Seminarsektor. Exzessive archäologische Kindheitsausgrabungen sind nicht mein Weg. Denn „die Energie folgt der Aufmerksamkeit" und verstärkt das, worauf man seine Aufmerksamkeit lenkt. Im Prinzip brauchst du nur das Kapitel „Wie lerne ich, auf meine innere Stimme zu hören" anzuwenden. Für Leute, die Schwierigkeiten haben, von allein in Schwung zu kommen, hier trotzdem ein Erlebnisbericht, wie es auch gehen kann:

Positives Denken im Seminar erlernen
Bericht einer Teilnehmerin von ihrem ersten Seminar

Wer kann sich darunter etwas vorstellen? Ich konnte es nicht. Hingefahren bin ich damals trotzdem – wegen innerer Unruhe, Streßgefühlen und einer nervösen Verdauung. Mir schwebte vor, dort die Techniken von autogenem Training, Autosuggestion und ähnlichem zu erlernen, geführte Trancereisen zu erleben und ein bißchen Theorie zu hören.

Damit ausgerüstet wollte ich dann in der Lage sein, auch allein zu Hause zur Ruhe zu kommen und die psychischen Komponenten meiner Beschwerden auszugleichen. Keine Frage, genau das habe ich auch gelernt... Aber wer glaubt, das sei schon alles, unterschätzt Gudrun Freitag, die diese Seminare seit 15 Jahren leitet, bei weitem. Entwickelt haben sich die Seminare unter anderem aus dem Gedankengut von Dr. Josef Murphy, einem der bekanntesten Autoren auf dem Gebiet des positiven Denkens.

Ich kam also ahnungslos zu einem 4-Tage-Seminar auf dem Heißenhof an, wunderschön bei Inzell gelegen. Um 14.00 Uhr ging es los. Circa 50 Teilnehmer saßen auf Kissen und Decken in legerer Kleidung auf dem Boden und lauschten der Begrüßung, der gleich eine Theoriestunde folgte. Soweit wie erwartet. Doch dann kam schon die erste Überraschung.

Zum Lockern und Freiwerden vom Alltag, Loslassen des sich Fremdfühlens usw. folgte eine Runde „Discodancing". 50 Leute zwischen 20 und 75 Jahren tanzten los. Jeder auf seine Art, teils mit voller Kraft und Energie, teils etwas unsicher umherschauend, und einige Ältere schunkelten mehr vergnügt auf der Stelle, nachdem sie sich beim Umherschauen versichert hatten, daß alles erlaubt ist. Danach war Kaffeepause.

Diese unerwartete Einlage machte mich teils neugierig auf die Fortführung, teils war ich auch etwas verunsichert; Überraschungen schienen vorprogrammiert zu sein.

Während der Kaffeepause sah ich mich

etwas um und versuchte herauszufinden, was für Leute eigentlich die anderen so sind. Im Laufe auch späterer Seminare fand ich heraus, daß zwischen Sozialhilfeempfänger und Multimillionär alles vertreten ist. Das läßt sich schon anhand der Autos vor der Tür erahnen. Nur, wer wer ist, erfährt man meist während des ganzen Seminars nicht. Alle sind mit T-shirt und Leggings oder Jogginghose bekleidet, und man ist während des Seminars viel zu sehr mit anderen Dingen beschäftigt, um sich über „Belanglosigkeiten" wie Berufe zu unterhalten.

So waren wir einfach 50 Menschen mit unterschiedlichen Persönlichkeiten, und mehr konnte ich beim besten Willen in dieser Kaffeepause nicht herausfinden.

Was dann folgte, waren vier Tage voller Überraschungen. Neben den Meditationen, Trancereisen usw. gab es eine unglaubliche Vielfalt von kleinen und großen Übungen. Allein, zu zweit oder zu mehreren. Spiele für Erwachsene, Malen, Singen, Tanzen, Lachen – man kann es gar nicht alles aufzählen.

Eines Abends sollten wir uns alle so dicht in der Mitte zusammenstellen, wie es nur ging. Die Größten in der Mitte, und dann sollten wir einen gemeinsamen Summton finden. Da standen wir dann dichtgedrängt, summten, und der ganze Haufen fing an zu schwingen. Es war unmöglich, einfach stehenzubleiben, weil einfach der Haufen als Ganzes hin- und herschwang. Es war ein unglaubliches Gefühl der Einheit.

Als wir „fertiggesummt" hatten, sollten wir uns genau da, wo wir jetzt standen, hinsetzen oder -legen. Wir standen ja aber genau Fuß an Fuß. Das Ergebnis war ein riesengroßer, verwickelter und verknoteter Menschenhaufen. Füße über Armen, Beine über- und untereinander, alles durcheinander. Und dann spielte Gudrun zum Abschluß des Abends das Lied „Guten Abend, gute Nacht", von einem Tenor gesungen. Und so unglaublich es klingen mag, in dieser entspannten Stimmung nach einem vollen und erlebnisreichen Tag sang die ganze Mannschaft mit. Alle 50 völlig verschiedenen Menschen von unterschiedlichster Persönlichkeit. Wir waren einfach in dieser Stimmung so zusammengewachsen, daß wir tatsächlich alle dalagen und „Guten Abend, gute Nacht" sangen.

Eine andere Übung ziemlich zu Beginn war, daß wir zu jemandem hingehen sollten, der uns unsympathisch erschien oder mit dem wir am wenigsten zu tun haben wollten. Und mit genau dieser Person sollten wir reden. Das war mir zuerst natürlich auch nicht ganz geheuer. Aber nachdem genau derjenige, der mir am unsympathischsten erschien, noch immer allein dasaß, nahm ich allen Mut zusammen und ging doch hin. Nach dem Gespräch hatte ich zwar noch immer das Gefühl, das sei kein Mensch, mit dem ich allzuviel anfangen könnte. Aber ich fand seine etwas unbeholfene Art, wie er reagiert hatte, sehr menschlich und auch irgendwie rührend, so daß meine Antipathie völlig verflogen war.

Nicht lange danach lagen wir alle mit geschlossenen Augen nach einer Trancereise auf unseren Decken und sollten einfach blind nach einer Hand neben uns suchen, die wir hielten, während wir einem gesungenen Mantra lauschten. Die Hand, die ich dabei links erwischte, fühlte sich unheimlich warm und angenehm vertraut an. Als wir alle schießlich die Augen wieder öffneten, stellte ich völlig verwundert fest, wem diese Hand gehörte, nämlich genau meinem anfänglichen „Unsympathen".

Damit aber noch nicht genug. Die Geschichte hat noch ein Nachspiel. Gegen Ende des Seminars haben wir alle einen Brief an uns selbst geschrieben, wie es uns jetzt ging, was wir erlebt und was wir uns für die Zukunft vorgenommen hatten (dieser Brief wurde uns dann drei Monate später per Post zugestellt).

Einer der Teilnehmer hatte das Bedürfnis, uns seinen Brief vorzulesen. Er sagte uns, daß er auf diesem Seminar angekommen sei in einer Verfassung, in der er sich selbst fremd war. Er hatte sich deshalb selbst mit „Sie" in seinem Brief anreden müssen: „Sehr geehrter Herr Soundso, wissen Sie eigentlich, was für ein eingebildetes, überhebliches Arschloch Sie sind?! An Ihnen ist doch nichts echt, Sie bestehen doch durch und durch nur aus Fassade mit Ihren immer witzigen Gags, immer müssen Sie im Mittelpunkt stehen ..."

So ging es eine ganze Weile weiter, bis er dann auf seine Erlebnisse im Seminar zu sprechen kam, und der Brief endete dann mit den Worten: „... und endlich, endlich habe ich Dich wieder, mein lieber, lieber Horst!!" – Tja und wer saß davor und lag sich heulend vor Rührung in den Armen...? Ich und mein „Unsympath" vom Anfang. Es war einfach unbeschreiblich, und ich kann nicht sagen, wie viel ich dabei gelernt habe.

Ich könnte jetzt ein ganzes Buch verfassen über dieses Seminar und was ich dabei erfahren habe. Doch ich denke, wer sich irgendwie angesprochen fühlt, neugierig geworden ist oder einfach Lust auf kleine und große „Wunder" hat, der schaut selbst vorbei.

Keiner, der die vier Tage mitmacht, ist hinterher noch ganz Derselbe. Es geschehen einfach zu viele Wunder, man lernt wieder mehr Mensch zu sein, und man erlebt, wie gleich letzten Endes alle Menschen sind, egal welchen Alters und welcher Herkunft. Vor allem aber ist es ein sehr kraftvoller Schritt, sich selbst zu finden!

10 Die genaue Bestelltechnik – alle Details

„Wenn der Mensch sich etwas wünschen kann, ohne sich darüber zu sorgen, so wird dieser Wunsch sofort erfüllt werden."

Mancher Yoga-Anhänger versucht vielleicht, sich kopfüber an den Füßen aufgehängt in Trance zu versetzen, um in diesem Zustand sein Unterbewußtsein auf die Dinge zu programmieren, deren Erfüllung er anstrebt. Die Wahrheit ist die: Wenn du glaubst, du benötigst ein kompliziertes Ritual, um mit dem Universum zu „telefonieren", dann brauchst du es. Sonst nicht!

Wenn du arglos, ganz normal deine Bestellung aufgeben kannst und sie dann wieder vergißt, klappt es am besten. Du kannst deinen Wunsch beispielsweise aufschreiben und nachts am Fenster (oder auf dem Balkon, wenn das deinen Sinn für Romantik mehr anspricht) ins All verlesen. Wenn du meinst, da hört keiner was, dann stell dir vor, du hättest eine Art unsichtbares Handy und könntest ganz normal da rauf telefonieren.

Das war's. Fertig!

Und das ist wichtig, nämlich, daß du damit wirklich fertig bist. Nicht womöglich am nächsten Tag insgeheim denken: „He, da oben – hat mich überhaupt einer gehört?? Zur Sicherheit hier vielleicht nochmal meine Bestellung…" Zwei Stunden später: „Vielleicht wirkt es besser, wenn ich nochmal besonders viel Energie zu meiner Bestellung dazuschicke…" Kurz vor dem Schlafengehen: „Und nicht vergessen, da oben… Habt ihr es auch wirklich mitgekriegt?" Eine Woche später: „Isse jetzt schon unterwegs, meine Bestellung? Hallo Universum, hört ihr mich…?"

Oder was immer du so alles denken magst. Überleg' mal, was dahinter steckt, wenn du so etwas machst? Du unterstellst dem Universum quasi Pfusch bei der Arbeit. Sonst würdest du ja nicht ständig wegen ein und derselben Bestellung rauftelefonieren.

Man sollte die Scheu vor uns noch unerklärlichen Energien verlieren und auch das Universum nicht schlechter behandeln als jeden anderen Bestellservice auch. Das Universum ist kein Guru, den man anflehen und anjammern kann (was die Gurus im übrigen auch nicht mögen), sondern eine Energiequelle. Stell dir vor, du hast eine Bestellkarte an irgendein Versandhaus geschickt und faxt am nächsten Tag, ob die Karte auch angekommen ist. Dann rufst du noch dreimal extra an. Ein irdisches Versandhaus streicht dich vielleicht noch eine Weile nicht aus der Kartei, weil sie schließlich dein Geld wollen.

Universelle Gesetze funktionieren aber etwas anders: Die Bestellung manifestiert sich durch deinen Glauben, dein Vertrauen, deine „Nichtzweifel" oder dein Loslassen und Wiedervergessen der Bestellung. Wieder vergessen oder loslassen ist das sicherste bei „Anfängern", wenn es dir aufgrund mangelnder Erfahrung noch an Vertrauen mangelt. Wieder vergessen hat den Vorteil, daß man dann auch nicht daran denkt zu zweifeln oder sich Sorgen zu machen.

Loslassen mußt du selbst ausprobieren. Eine mögliche Variante ist, daß du dir – immer dann, wenn du dich dabei ertappst, daß du eine Bestellung wiederholst oder eine sehr starke Erwartungshaltung hast – selbst sagst: „Ich liebe es, so wie es ist, und ich brauche das Bestellte nicht, um glücklich zu sein. Es ist nicht wichtig, ob es kommt oder nicht. Ich schicke hiermit meine Gedanken der Doppelbestellung nicht ab und gehe denen da oben nicht auf den Keks. Ich bin sowieso zufrieden."

Zu starke Erwartungshaltungen blockieren den Energiefluß. Dieses Versandhaus liefert nämlich nicht per UPS (irdischer Paketdienst), sondern per Eingebung. Die Eingebung ist meist nur ein winziger Impuls oder ein unbestimmtes Bauchgefühl, dies und jenes zu tun, einen anderen Weg nach Hause als gewöhnlich zu nehmen, oder ähnliches. Wenn du nun eine sehr starke Erwartungshaltung hast und schon angespannt, traurig oder zweifelnd auf die Auslieferung wartest, hörst du deine innere Stimme nicht mehr. Das ist das einzige Problem.

Take it easy, have fun and everything will come!

Und: Verurteile dich nicht selbst als „bestellunfähig", wenn es nicht gleich klappt. ICH hatte einen entscheidenden Vorteil im Vergleich zu dir, als ich anfing: Ich habe die erste Bestellung gemacht, ohne im allerentferntesten weiter darüber nachzudenken, was ich da tat, oder darüber, ob die Bestellung wirklich kommen könnte. Ich habe nur bestellt, um die Diskussion mit meiner Freundin zu beenden, und habe keine Emotionen in Zweifel, Sorgen oder eine starke Erwartungshaltung gesteckt. Ich hatte gar keine Erwartung, nur eine tolle Überraschung, als es dann klappte. Mit diesem Erfolgserlebnis ging es natürlich leicht weiter.

Das ist der Trick: *Ein* spektakulärer Erfolg, und die Sache läuft, weil du dran glaubst. Vielleicht kannst du folgendes ausprobieren: Wenn du ein Auto hast, kannst du mit Parkplätzen üben. Wenn du irgendwohin mußt, wo es normalerweise keine Parkplätze gibt, bestell dir einen, bevor du losfährst.

Vielleicht passiert es, daß noch jemand anruft, daß du „Lust hast", eine spezielle Route zu nehmen, oder du verpaßt eine Ampelschaltung, weil du woanders hingeguckt hast. Jedenfalls kommst du dann irgendwann am Ziel an, und im selben Moment, in dem du dort auftauchst, parkt einer aus – 30 Meter von dem Haus entfernt, zu dem du mußt.

Und bis zu diesem Tag, bist du IMMER drei Runden mindestens gefahren und hast ewig weit weggeparkt. Erkenne an, daß dies zumindest ein erster Erfolg sein könnte!

Anerkennung ist wichtig. Denn was glaubst du, was die vom Quelle-Versand sagen würden, wenn sie dir einen wunderschönen, von dir bestellten Pullover schicken, und du rufst an und sagst: „Sie, also ehrlich gesagt, ich bin mir gar nicht mehr sicher, ob ich diesen Pullover nicht schon immer hatte und ob nicht Ihre Lieferung noch aussteht. Irgendwie glaube ich eher, daß ich noch keinen Pullover von Ihnen bekommen habe."

Das werden sie ziemlich undankbar finden und dich keineswegs zum Lieblingskunden erklären. Wenn du dich dagegen irrtümlich einmal zuviel für eine Lieferung bedankst, obwohl es nur ein Zufall war (falls es sowas überhaupt gibt), dann werden sie vermutlich so gerührt sein, daß sie dir den nächsten Superparkplatz auch ganz ohne Bestellung liefern.

Außerdem tust du etwas für dich, wenn

du (wenigstens die Möglichkeit) aner-
kennst, daß du eine Bestellung erfolgreich
hinbekommen hast. Bei der nächsten hast
du dann schon weniger Angst, daß es nicht
klappen könnte.

Während du auf die Auslieferung wartest, ENTSCHEIDE dich einfach dafür, daß
es nicht wichtig ist und daß du auch so
dein Leben lieben kannst. (Eine derarti-
ge Einstellung beschleunigt die Auslieferung ungemein – aber das habe ich jetzt
nicht gesagt, weil du ja nicht drauf warten sollst...)

Krankheiten – ein besonderes Kapitel beim Bestellen:

Wenn man Krankheiten „abbestellt", muß
man dies positiv formulieren (so wie alles andere übrigens auch). Du bestellst
nicht das Kopfweh ab, sondern bestellst
einen klaren, gesunden und freien Kopf
(oder so ähnlich). Die Lieferung erfolgt
meist entweder durch zufällige Bemerkun-
gen von irgend jemandem, so daß du an
eine spezielle, für dich richtige Heilme-
thode gerätst. Oder die Lieferung erfolgt
durch ein prägnantes Erlebnis, das auf
den ersten Blick auch mal unangenehm

sein mag. Vielleicht erhältst du dadurch einen Hinweis auf den geistigen Hintergrund deiner Krankheit – was es wirklich ist, was dir Kopfschmerzen bereitet, und weshalb sich deine Gedanken und Emotionen als Kopfweh manifestieren. (In den „Prophezeiungen von Celestine" gut beschrieben, in der 10. Prophezeiung – aber unbedingt von vorne anfangen mit der ersten, sonst kann man es nicht nachvollziehen!)

Wenn du den Grund deiner Krankheit verstanden hast und dich dran erinnerst, was du im Leben eigentlich wirklich willst, und anfängst, dich um „dein Selbst" zu kümmern, indem du nach dem Leben suchst, in dem du den für dich besten Selbstausdruck findest, dann muß dich dein Körper nicht länger daran erinnern, daß du dich selbst vernachlässigst, und die Krankheit verschwindet.

Cremes und Salben sind immer nur Krükken und Symptombekämpfung. Es gibt allerdings Heilmethoden (wie die Bachblüten), die die psychischen Gründe schneller ans Tageslicht bringen. Vielleicht wirst du dorthin geführt.

Jedenfalls möchte ich dich hiermit gewarnt haben: Krankheiten abzubestellen kann in Stress ausarten. Die Lieferung könnte eine Bewußtmachung der Ursachen sein. Aber du kannst dir dabei ja jederzeit wieder Hilfe bestellen. So schlimm kann es also nicht werden. Ich erwähne es nur, weil ich noch bei niemandem erlebt habe, daß die Krankheit „einfach so" unsichtbar geworden wäre, ohne daß derjenige etwas dafür tun mußte. Er erhielt nur die passenden Hinweise, was zu tun ist.

Zusammenfassung:

1. Bestelle, wie und wo du lustig bist. Wenn du gerne ein kleines Ritual veranstalten möchtest, denk' dir eins aus, an das DU glauben kannst oder das dir stark erscheint.
   Ein Beispiel: Schreib' deine Bestellung auf, und lies sie dem Universum nachts am Fenster (Balkon, Garten etc.) vor. Vielleicht machst du das an einem Tag, an dem du besonders gut drauf bist und besonders viel Vertrauen in deine Fähigkeiten hast oder an dem du dich einfach wohlfühlst. Wenn du Vollmond gut findest, tu' es bei Vollmond.
2. Gib ein und dieselbe Bestellung nur einmal auf. (Man kann Bestellungen

vor der Auslieferung auch zurücknehmen.) Wenn du mehrmals dasselbe bestellst oder in Gedanken mehrmals möglichst viel Energie schickst, unterstellst du dem Universum Pfusch bei der Arbeit. Dem Universum ist das egal. Es wird das höchstens bedauerlich für dich finden, weil du

3. die Lieferung meist per Eingebung erhältst. Durch ein Gefühl, etwas, das irgend jemand „zufällig" zu dir sagt, oder etwas ähnliches. Dadurch wirst du auf verschiedenen Wegen zur richtigen Zeit an den richtigen Ort gelotst, wo du dann deine Bestellung erhältst. Wenn du eine zu starke Erwartungshaltung hast, blockierst du dich selbst, und das Universum rennt ständig mit seinem Paket hinter dir her; nur, du erscheinst nie an den Auslieferungsorten, weil du zu angespannt warst.

4. Jede Bestellung positiv formulieren! Wörter wie „nicht" und „kein" sind ungünstig. Du rufst ja auch nicht bei Quelle an und sagst: „Ich möchte bitte KEIN grünes Tischtuch." Bestell dir das, was du haben willst. Wenn du Krankheit abbestellen willst, mußt du dir Gesund-

heit der betreffenden Körperregion bestellen.

5. Erkenne an, wenn eine Bestellung ge-
klappt hat. Dadurch verstärkst du dein
Vertrauen in deine Bestellkünste. Wenn
du nicht sicher bist, ob es kein Zufall
war, erkenne an, daß es zumindest sein
könnte, daß dies durch deine Bestellung passiert ist.

Besonders Trickreiche bestellen dann
mit dem Hintergedanken: „Es könnte ja
sein, daß das Bestellte nur rein zufällig wieder genau dann kommt, wenn ich
es bestellt habe... So ein Zufall aber
auch!"

Egal wie – Hauptsache es klappt!
Wie bereits gesagt:
Take it easy, have fun
and everything will come.

6. Wenn du dein Leben insgesamt in einen
positiven Fluß bringen willst, mach' dir
eine Liste, wie du dich fühlen würdest,
wenn alles in deinem Leben so wäre,
wie du es gerne hättest.

Dann überlege dir, in welchen Punkten du im Moment davon abweichst.

Leg' dir an verschiedene Orte kleine Erinnerungszettel hin, und immer, wenn du auf so einen Zettel stößt, überlege dir, ob das, was du gerade sprichst, denkst und fühlst, im Hinblick auf dein Optimalbild von dir selbst förderlich ist. Denk' daran: Deine Worte, Gedanken und Gefühle formen deine Realität!

Wenn man sich ein paarmal in ungünstigen Momenten beim Reden, Denken und Fühlen ertappt hat, hört man erstens auf, sich über seine gegenwärtige Realität zu wundern. Zweitens tritt an genau dieser Stelle das Aufwachen ein. Du beginnst, bewußt zu kreieren und zu bestellen. Ende der Tiefschlafphase! Der einzige Unterschied zwischen einem wachen und einem schlafenden Menschen ist der, daß der eine seine Realität bewußt gestaltet und der andere unbewußt. Aber du kannst sie nicht nicht gestalten.

„Erkenne dich selbst", hieß es im Orakel von Delphi. Wenn man weiterdenkt, wird daraus: „Entscheide, wer und wie du sein willst!" Denn in dem Moment, in dem ich etwas erkenne, bin ich nicht mehr darauf festgelegt. Ich kann mich für etwas Neues entscheiden. Ich kann mich damit auch neu entscheiden, was für ein Mensch ich sein und wie ich leben möchte.

11 Was ist los im Jenseits – gibt's das überhaupt?

Manche Nahtoderlebnisse – vorausgesetzt, man hält sie nicht für haarsträubende Märchen – sind ein guter Beleg, daß dort drüben, auf der anderen Seite, genauso „der Bär tanzt" wie hier. Nachfolgend habe ich einige Auszüge aus einem Buch von Elisabeth Kübler-Ross zusammengefaßt. Vielleicht ein weiterer Hinweis auf das „Versandhausteam". Der geneigte Leser möge sich selbst ein Bild machen:

„Von Natur her ein skeptischer Halbgläubiger, um es noch gelinde auszudrükken. Als solcher interessierte ich mich nicht für die Eventualität eines Lebens nach dem Tod. Doch gewisse Beobachtungen, die sich so häufig wiederholten, ließen mir keine andere Wahl, als mich diesem Problem zuzuwenden."

Frau Kübler-Ross wurde auf das Thema „Leben nach dem Tode" durch Erlebnisse mit Patienten aufmerksam, die bereits 45 Minuten für tot erklärt worden waren und danach dennoch wieder Lebenszeichen von sich gaben. Diese Patienten hatten in der Zeit ihres „Totseins" nicht nur jedes Wort des geführten Wortwechsels klar und deutlich mitbekommen, sondern konnten auch die Gedanken der Anwesenden lesen und hinterher wiedergeben. In den folgenden Jahren gezielter Untersuchungen auf diesem Gebiet suchte Frau Kübler-Ross ganz gezielt nach „beweiskräftigen Fällen".

Blinde können wieder sehen

So befragte sie eine ganze Reihe von völlig Erblindeten nach ihren todesnahen Erlebnissen. Wie alle anderen auch sahen die Blinden sich während ihres außerkörperlichen Zustands über ihrem Erdenkörper schweben und in aller Ruhe die Situation beobachten. Das Interessante ist, daß all diese Blinden in diesem Moment wieder sehen und anschließend detaillierte Beschreibungen der Muster auf den Krawatten, der Farbe der Pullover usw. der Anwesenden geben konnten.

Ein weiteres interessantes Moment ist, daß sich die Sterbenden während dieser Austritte aus dem Körper der Gegenwart sie umgebender körperloser Wesen bewußt werden und sehr oft bereits verstorbene Verwandte wahrnehmen.

Das heißt, daß niemand, absolut niemand allein sterben kann, auch ein „physisch einsamer" Astronaut im Weltall nicht (auch der Oma vorlesen! – natürlich nur, wenn sie will, aber meistens wollen die Omas und Opas).

Um dies stichhaltiger überprüfen zu können, begab sich Elisabeth Kübler-Ross an Wochenenden mit besonders schönem Wetter ganz gezielt in die Kinderkliniken und wartete auf beim Wochenendausflug verunglückte Familien. Sie setzte sich dann an die Betten der verunglückten Kinder. Kurz vor dem Tod stellt sich bei ihnen oft eine friedliche Feierlichkeit ein, was immer auf ein bedeutsames Empfinden hinweist. In diesem Moment fragte sie die Kinder, ob sie bereit und fähig seien, ihre augenblicklichen Erlebnisse mit ihr zu teilen. Und sie antworteten beispielsweise: „Alles in Ordnung. Mutter und Peter warten schon auf mich!" Daß die Mutter bereits am Unfallort verstorben war, wußte Frau Kübler-Ross bereits, aber der Bruder Peter lag eigentlich noch in einer anderen Kinderklinik. In dem Moment kam der Anruf aus eben jener Klinik, daß der kleine Peter vor 15 Minuten ebenfalls gestorben sei. Das Kind hatte es vor Frau Kübler-Ross gewußt.

In einem anderen Beispiel wurde eine überfahrene Indianerin von ihrem 1000 Kilometer entfernt lebenden Vater „abgeholt". Wie sich hinterher herausstellte, war der Vater eine Stunde zuvor einem Herzanfall erlegen, wovon die Indianerin beim besten Willen nichts hatte wissen können.

Diese und viele viele andere klare Beispiele erzählt Frau Kübler-Ross in ihrem Buch „Über den Tod und das Leben danach", Verlag „Die Silberschnur".

12 „ET nach Hause telefonieren..."

Die folgende Übung ist in der Esoterik-szene weit verbreitet. Ich drucke sie hier ab, weil einige Menschen, nachdem sie mit den Gedanken von Elisabeth Kübler-Ross konfrontiert wurden oder nachdem sie beispielsweise beim Löffelbiegen erfolgreich waren, nach einem Kontakt zu dieser anderen Seiten hinter dem Schleier suchen. Die „Indizien" sprechen mehr und mehr dafür, daß da noch was ist. Jetzt wollen wir das Unfaßbare auch fassen!!

Bei einigen Menschen hat die hier abgedruckte Übung sehr erstaunliche Resultate erbracht. Weit über das hinausgehend, was man sich so vorstellt, wenn man diese schlichte Anweisung liest. Probieren schadet nicht, und vielleicht gehörst du zu den Menschen, denen ein „Kontakt nach drüben" gelingt.

Reine Rationalisten sollten entweder mal ihren Verstand ausschalten und sich auf ein kindliches Phantasiespiel einstellen oder die Übung gleich bleibenlassen. Die

„Bestelltechnik" funktioniert aber auch dann, wenn dir bei so einer Übung höchstens die Haare zu Berge stehen. Also laß dich nicht stören. Du hast ein Recht auf individuelles Glücklichsein und ebenso auf deinen ganz individuellen Weg dorthin.

Schließ' die Augen, und stell' dir vor, daß du in einer Landschaft stehst, die für dich Frieden und Weite symbolisiert. Das kann ein Gipfel sein, auf dem du stehst und über das Land siehst. Es darf aber auch ein Strand sein, und du schaust über das Meer. Stell' dir die Ruhe und den Frieden vor, solange bis du ein ganz geborgenes Wohlgefühl hast. Vielleicht hilft es dir auch, dich gedanklich in eine Situation zurückzuversetzen, in der du dich besonders ruhig und geborgen gefühlt hast.

Wenn du so ein Gefühl hast und dich so richtig wohlfühlst, dann beginne damit, dir in der Ferne den Nebelschleier vorzustellen, der zwischen dir und der geistigen Welt liegt. Es kann auch ein dunkler Vorhang sein. Je nachdem, wie du es dir besser vorstellen kannst.

Dann siehst du den Schleier – egal ob nebelig oder dunkel – langsam auf dich zukommen, und du freust dich schon. Stell' dir vor, daß die Heimat deiner Seele immer näher rückt. Wenn du Probleme mit dieser Vorstellung haben solltest, dann greif' gleich zur nächsten Bestellung, und fordere Hilfe bei der Vorstellung an oder einen Tip, welches Bild für dich am besten paßt. Was du anforderst, muß kommen.

Wenn der Schleier kurz vor dir angekommen ist, hältst du ihn an und reichst einfach ganz schnell oder genüßlich langsam – wieder ganz in deinem Tempo – die Hände zum Willkommensgruß an deine geistigen Führer auf die andere Seite. Du kannst dies entweder physisch tun oder es dir im Geiste vorstellen. Halte deine Hände ausgestreckt und warte.

Nach wenigen Augenblicken geschieht dann wieder bei jedem etwas anderes. Einige überkommt ein so überwältigendes Gefühl, daß sie zu weinen anfangen. Es ist, als hätte man Zeit seines Lebens gedacht, man sei allein, und auf einmal fühlt es sich an, als sei man umgeben von Wesen, die einem viel näher und lieber sind als alles, was man bisher kannte. Man muß quasi feststellen, daß in jeder Sekunde die allerliebsten Freunde direkt neben einem standen. Man hätte nur mit ihnen zu kommunizieren brauchen.

Bei anderen kribbeln beim ersten Mal nur die Finger, oder die Hände werden warm. Oder ganz etwas anderes. Laß dich überraschen. Je kindlicher du auch an dieses Spiel herangehen kannst, desto erfolgreicher wird die Übung sein.

Man kann die Übung täglich machen, aber immer nur ein paar Minuten. Denn je verkrampfter man das tolle neue Gefühl festhalten will, desto schneller entwischt es einem.

13   Lebenstips
für jeden Tag

Nachfolgend eine Liste von Tips, Ratschlägen und weisen Sprüchen oder kurzen Absätzen, zum Teil auch kurzen Fragmente von geistigem Wissen, geistigen Gesetzen, den Gesetzen des Schicksals etc. Sie sind bunt gewürfelt, und die meisten davon sind den Büchern der Liste mit den Buchtips entnommen. Sie sind als Erinnerung und zum Lebendighalten für jeden Tag gedacht. (Hinter jedem Zitat steht eine Nummer, sie entspricht der Nummer des Buches in der Buchliste. 8 ist also beispielsweise das Buch *Der Erleuchtung ist es egal, wie du sie erlangst.*

Du kannst das Büchlein *Bestellungen beim Universum* beispielsweise neben dein Bett legen und immer, wenn du Lust hast, einen Tip aus diesem Kapitel aufschlagen, lesen und damit schlafengehen – oder aufstehen. Wie du möchtest.

Wenn wir unser Leben bewußt gestalten und die Lieferung der „Bestellungen" nicht verschlafen oder überhören möchten, ist es gut, auch bewußt zu bleiben. Dafür sind die bunt gewürfelten Anregungen gedacht. Zum Lebendigerhalten des Wissens und Bewußtseins um deine Wahrheit und des Vertrauens, das immer da ist und bleibt, daß in dir ein wundervolles Wesen mit Liebe zum Leben schlummert oder wacht. Es ist da, egal ob du es gerade deutlich siehst oder nicht.

Zur Erinnerung: Forscher haben herausgefunden, daß es im entspannten Zustand unmöglich ist, negativ zu denken. Und: Kein Baby kommt genervt, cool drauf oder mit Minderwertigkeitskomplexen auf die Welt. Dein natürlicher Zustand ist Freude, Liebe und Fülle an allem. Alles andere ist künstlich und ein Irrtum.

Hier sind sie, die Tips für jeden Tag: (Sie sind von völlig unterschiedlichen Autoren, vielleicht liegen dir manche mehr, manche weniger. Freu' dich an denen, die für dich passen!

☺ ☺ ☺

Wenn du lernst, die Hölle zu lieben, bist
du im Himmel.*8
☺ ☺ ☺
Der Tod ist eine optische Täuschung.
(Albert Einstein)
☺ ☺ ☺
Wir haben immer die Erlebnisse
und Wahrnehmungen, die unserer
Schwingungsebene entsprechen.*8
☺ ☺ ☺
Du wirst nicht fähig sein, dich über
deine jetzige Schwingungsebene zu
erheben, um dort zu bleiben, solange
du deinen Jetztzustand nicht liebst.*8
☺ ☺ ☺
Egal, in welchem geistigen Zustand du
dich befindest, du hast immer die
gleiche Wahl: dein Gewahrsein
auszudehnen (mehr Liebe) oder
zusammenzuziehen (mehr Ärger, Haß,
Angst, Wut etc.). Und du mußt von dort
ausgehen, wo du dich befindest.*8
☺ ☺ ☺
Alles, was auf Erden geschieht,
kann auf jeder der Tausenden von
Schwingungsebenen erlebt werden, von
der freudigsten bis zur trübsinnigsten.*8
☺ ☺ ☺

Alle möglichen Erfahrungen sind schon in dir angelegt. Du kannst dich ihnen jederzeit öffnen, augenblicklich und sofort, indem du einfach da bist! Aber es eilt nicht.*8

☺ ☺ ☺

Nach jedem Ausbruch begeisterter Wirklichkeitswahrnehmung treffen wir wieder auf eine neue und andere Art von Ablehnung in uns, auf das Nächste, was wir lieben lernen müssen. Aber je höher du dich entwickelst, desto leichter wird es.*8

☺ ☺ ☺

Du bist ein freies und selbstbestimmtes Wesen. Kein anderes Lebewesen noch irgendeine Gruppe von Wesen kann deine Schwingungsebene beeinflussen.*8

☺ ☺ ☺

Die Empfindung, gegen deinen Willen gezwungen oder manipuliert zu werden, kann nur entstehen, wenn du dich dicht machst, wenn du dein Gewahrsein zusammenziehst.*8

☺ ☺ ☺

Der Vorgang der Erleuchtung erweitert unser Verständnis für andere Wesen, bis

wir alles als lebendigen Austausch
erfahren.*8

☺ ☺ ☺

Wenn wir wissen, daß Dummheit immer
in uns steckt, sind wir frei, der Einsicht
den Vorzug zu geben.*8

☺ ☺ ☺

Wie bei allen anderen Erfahrungen
haben wir immer genau die sexuellen
Erlebnisse, die wir verdienen, je
nachdem, wie sehr wir uns und anderen
gegenüber liebendes Annehmen
aufbringen können.*8

☺ ☺ ☺

Was du anderen mißgönnst, wird dir
selber vorenthalten werden.*8

☺ ☺ ☺

Wenn du sagst, jemand, der es nicht
verdient hat, sollte keine Hilfe erhalten,
so wird das die Person, die du meinst,
nicht weiter stören, aber es wird für dich
gelten.*8

☺ ☺ ☺

Das Leben ist ein wundervolles
Paradoxon: Je mehr du dein Bewußtsein
öffnest, desto weniger unangenehme
Ereignisse werden sich deinem
Gewahrsein aufdrängen.*8

☺ ☺ ☺

Ich liebe mich dafür, daß ich es hasse.
Liebe es so, wie es ist.*8

☺ ☺ ☺

Du kannst deine Schwingungsebene
heben, indem du mehr Liebe
empfindest. Fang' damit an, deine
negativen Gefühle zu lieben, deine
eigene Langeweile, deinen Trübsinn und
deine Verzweiflung.*8

☺ ☺ ☺

Das ICH-Bewußtsein eines menschlichen
Körpers zu sein ist ein bißchen, wie der
Bürgermeister einer Großstadt zu sein.*8

☺ ☺ ☺

Was in deinem Denken keinen Platz hat,
ist auch deiner Kontrolle entzogen.*8

☺ ☺ ☺

Es ist dein Widerstand gegen den
negativen Gedanken, ob bewußt oder
nicht, der ihn sich in deinem Leben
manifestieren läßt. Wenn du dich
weigerst anzuerkennen, daß es Autos
gibt, wirst du von Autos angefahren
werden, aber nicht etwa, weil du sündig
oder neurotisch bist, sondern einfach,
weil du nicht auf die Autos achtest. Du
wirst sie nicht kommen sehen.*8

☺ ☺ ☺

Absolute Stabilität gibt es auf
der Raumebene, weil alle Beziehungen
in dem Maße stabil sind, als die
daran beteiligten Wesen die gleiche
Ausdehnung haben.
Und wenn wir zu Wesen in Beziehung
stehen, deren Schwingung höher
oder tiefer als unsere ist, fühlen
wir uns labil und unsicher.*8

☺ ☺ ☺

Alles, was dir wirklich Angst einjagt,
mag einen Hinweis auf die
Erleuchtung enthalten.*8

☺ ☺ ☺

Es ist keine persönliche Beleidigung für
dich, wenn jemand mit dir nicht einig
ist, es ist ein Maßstab für seine
Schmerzen.*8

☺ ☺ ☺

Eben die Menschen, die wir jetzt als
vulgär, nicht erleuchtet, dumm,
Absteller und Verrückte ansehen –
gerade diese Menschen sind unsere
Eintrittskarten ins Paradies, wenn wir
lernen, sie und all unsere Gefühle, die
wir für sie haben, zu lieben.*8

☺ ☺ ☺

Je mehr du das Böse haßt, desto mehr Böses wird es zu hassen geben. Wenn dir was nicht paßt, frage dich: Was habe ich auf einer Bewußtseinsebene zu suchen, auf der so etwas Wirklichkeit ist?*8

☺ ☺ ☺

Was du auch immer tust,
liebe dich dafür, daß du es tust.
Es gibt nichts, was du zuerst tun
müßtest, um erleuchtet zu werden.*8

☺ ☺ ☺

Heute will ich über nichts urteilen,
was geschieht.*8

☺ ☺ ☺

Dieser Augenblick ist die einzige Zeit,
die es gibt.*8

☺ ☺ ☺

Es ist besser, das kleinste Licht
anzuzünden, als über die allgemeine
Dunkelheit zu jammern.*8

☺ ☺ ☺

Die Vergangenheit ist vorbei, sie kann
mich nicht berühren.*8

☺ ☺ ☺

Häufig ist das, was gut ist im Sinne der Moral und Konvention, böse gegenüber den Lebensgesetzen und damit gegenüber der eigenen Lebendigkeit. *8

☺ ☺ ☺

Für den Menschen, der die Macht seiner
Worte kennt und welcher der intuitiven
Führung folgt, gibt es nichts
Unerreichbares. Er weiß, daß es für
jeden Bedarf eine Versorgung gibt und
daß sein gesprochenes Wort dazu
beiträgt, diese Versorgung freizugeben.
Sprich deinen Bedarf einmal aus, und
unternimm dann nichts weiter, bis du
eine bestimmte Eingebung erhältst. Die
Antwort wird durch Intuition kommen,
d.h. durch Eingebung, durch eine
zufällige Bemerkung seitens eines
anderen, durch ein Wort in einem Buch
oder etwas Derartiges.*6

☺ ☺ ☺

Nicht Materie ist die eigentliche Realität,
sondern Schwingung/Energie; das
belegen die Forschungen der Physiker,
insbesondere der Atomphysiker.*5

☺ ☺ ☺

Ein Eisklumpen, der in der Hitze zu
Dampf wird, ist nicht mehr sichtbar,
aber trotzdem noch da. Wenn es
einem Menschen gelingt, seine
Schwingung beträchtlich zu erhöhen,
dann kommt logischerweise der

Moment, wo er unsichtbar wird.
Wie du deine Schwingung erhöhst? Ganz
einfach – indem du Liebe statt Angst
denkst. Die Wirkung auf den Körper ist
ganz verschieden, weil sich eben die
Schwingung ändert.
Denke, die Welt ist ein Jammertal, dann
denkst du dich hinab.
Denke, die Welt ist ein Freudenfest,
dann denkst du dich hinauf, und es wird
immer mehr Anlässe zur Freude geben,
weil du nach dem Gesetz der Resonanz
anderen Menschen und Situationen im
Leben begegnest.
Wenn nun diese Tatsache bekannt ist,
dann muß folgende Frage gestellt
werden: Welcher Mensch ist so blöd und
denkt sich eine schlechte Welt??*5
☺ ☺ ☺
Es gibt Menschen, die der Meinung sind,
gewisse Probleme/Konflikte ließen sich
nicht lösen. Diese Menschen haben aus
zwei Gründen recht: Erstens, weil die
Welt das ist, was jeder Mensch von ihr
denkt, und zweitens, weil viele Probleme
mit dem herkömmlichen Denken
tatsächlich nicht lösbar sind.*5
☺ ☺ ☺

Je kraftvoller dein Denken, desto größer ist die Chance, daß sich deine Gedanken verwirklichen. Deine Gedanken werden kraftvoller, wenn du sie mit mehr Leichtigkeit und Vertrauen denkst. Anstrengung und zu starke Erwartung nehmen ihnen jede Kraft.*5

☺ ☺ ☺

Ähnliche Gedanken haben ähnliche Schwingungen und ziehen sich deshalb an. Stell' dir ein Unternehmen mit 1000 Mitarbeitern vor. Alle Mitarbeiter sind am meckern und schimpfen. Die Geschäftsleitung kann machen, was sie will; wenn die Mehrheit der Mitarbeiter negativ denkt, dann hat sie keine Chance. Ein Unternehmen kann tatsächlich zum Erfolg oder zum Mißerfolg gedacht werden. Also stell' dir ernsthaft die Frage, was für Energie du von morgens bis abends produzierst?!*5

☺ ☺ ☺

Was immer du denkst, es kommt zu dir zurück. Das ist genial und – in Verbindung mit dem Prinzip des freien Willens – die größte Gerechtigkeit im Kosmos. Nehmen wir an, du kritisierst (oder

„bemeckerst) einen Menschen.
So bedeutet dieses Gesetz nicht, daß
auch du von dem betreffenden
Menschen kritisiert wirst. Es bedeutet,
daß von irgendwoher deine Gedanken
in der genau gleichen Qualität
zu dir zurückkommen.*5
☺ ☺ ☺
Wenn ein anderer dich bemeckert oder
betrügt, was geschieht dann? Dann hat
dieser andere – und nicht du –
die Folgen seines Denkens
und Tuns zu tragen. Stell' dir einmal vor,
wie ökonomisch das ist! Du brauchst
nicht den kleinsten Finger zu rühren,
um dich zu rächen!*5
☺ ☺ ☺
Du kannst dir selbst nichts Besseres
antun, als daß du einem anderen das
Beste wünschst. Stell' dir vor, die
Mehrzahl der Menschen wüßte das! Das
würde bedeuten, daß unsere Probleme
augenblicklich gelöst werden.*5
☺ ☺ ☺
Das Problem, wenn einer einen Fehler
macht, ist nicht der Fehler. Fehler sind
normal und menschlich. Das Problem
ist, daß die, die den Fehler sehen und

ausgleichen könnten, sich weigern, dies zu tun. Statt dessen wird gemeckert, man ist ja schließlich im Recht. Je mehr Menschen du erlaubst, Fehler zu machen, und ihnen mit Freude hilfst, desto mehr Fehler im Leben kannst du dir erlauben, und dir wird genauso freundlich und selbstverständlich ohne ein Wort der Kritik geholfen werden. Das wird oft nicht von denselben Menschen sein, denen du vorher geholfen hast, aber es kommt von irgendwoher.*5

☺ ☺ ☺

In der Praxis läßt sich noch eine weitere interessante Sache feststellten. Kritisiert man jemanden, der selbst auch kritisiert, dann dauert die Reaktion länger, als wenn man jemanden kritisiert, der selbst nicht kritisiert. In diesem Fall kommt der Rückstoß viel schneller. Je stärker jemand in der Materie verhaftet ist, desto länger kann es dauern, bis eine Reaktion kommt. Sie kann dann beispielsweise in Form von Krankheiten kommen.*5

☺ ☺ ☺

Wenn du dein Denken sofort auf Liebe umstellen könntest, dann würde dir der

Rückstoß auch der schlimmsten Gedanken nichts mehr anhaben können. Liebe hat eine stärkere Schwingung als alle anderen Gedanken.*5

☺ ☺ ☺

Wenn wir uns auf Wohlstand konzentrieren, dann wächst der Wohlstand. Wenn wir uns auf Gesundheit oder Frieden konzentrieren, dann wachsen diese. Worauf konzentrierst du dich den Tag über???*5

☺ ☺ ☺

Wenn du nicht bereit bist, dich für alles, für wirklich alles, was in deinem Leben geschieht, verantwortlich zu fühlen, dann wirst du keine Fortschritte machen. *5

☺ ☺ ☺

Den IST-Zustand (auch den ungeliebten) zu akzeptieren heißt, ihn loszulassen – und dann geschieht etwas Erstaunliches; der IST-Zustand verändert sich.*5

☺ ☺ ☺

Loslassen ist das Gegenteil von Schwäche, es aktiviert die in jedem Menschen vorhandene unvorstellbare Intelligenz.*5

☺ ☺ ☺

Strategie zum „Anzapfen" der
unbewußten Kräfte:
– Akzeptieren des IST-Zustandes
(du hast nur Einfluß auf die Zukunft,
und sei es in einer Sekunde,
aber nie auf den IST-Zustand)
– Nicht (ver-)urteilen
– Kein Gedanken an den Weg zum Ziel
– Kein Kampf gegen den IST-Zustand
oder für den SOLL-Zustand
– Keine Konzentration auf das Ziel
(Konzentration bedeutet Ausgrenzung
aller anderen Dinge; du läufst Gefahr,
den Impuls, der dich sanft und leicht
ans Ziel bringen würde, zu übersehen)
– Kein Zweifel an der Zielerreichung.*5

☺ ☺ ☺

Was ich aussende, kommt zu mir
zurück. Die Menschen und Situationen,
die mir begegnen, sind Spiegel meiner
inneren Haltung (wie der Hund im
Spiegelsaal).*5

☺ ☺ ☺

Will ich Frieden erfahren oder Konflikt?
Sind meine heutigen Kommunikationen
liebevoll dem anderen und mir selbst
gegenüber gewesen?*5

☺ ☺ ☺

Bin ich zufrieden mit dem, was ich
heute gedacht und gesprochen habe?
Waren es Worte und Gedanken der
Liebe oder der Angst?*5

☺ ☺ ☺

Ich rege mich nie aus dem Grund auf,
den ich vordergründig meine.
Ich bin versucht zu glauben,
daß ich mich über Dinge aufrege,
die andere tun oder sagen, oder über
Situationen, denen ich mich ausgeliefert
fühle. Ich empfinde Ärger, Wut,
Eifersucht, Verstimmung oder Frust.
Tatsächlich sind alle diese Gefühle
eine Form von Angst.
Meine einzige wirkliche Wahl ist die
zwischen Angst oder Liebe. Je mehr ich
die Liebe wähle, desto mehr zerstreuen
sich die Ängste und negativen Gefühle.
Wenn ich den Stein am Wegesrand und
die Kröte im Sumpf nicht lieben kann,
brauche ich nie auf Weltreise gehen, mir
wird alles langweilig erscheinen.
Die Liebe zu den Menschen und Dingen
macht sie schön und aufregend.
Die Angst macht sie langweilig,
lästig oder störend.

Erinnere dich an deine Wahl:
Angst oder Liebe. „Mein Frieden kann
nur aus mir selbst kommen. Er kann von
nirgendwoher sonst kommen."*5
☺ ☺ ☺
Lieben heißt, „glücklich sein mit..."!
☺ ☺ ☺
Die Energie folgt der Aufmerksamkeit.
Beachte das Schöne, und es wird sich
vermehren. Beachte all die Situationen,
in denen dir etwas besonders gut
und leicht gelungen ist.
Sie werden sich vermehren.
Anerkenne und beachte,
wenn dir etwas „zugeflogen" ist.
Wenn du Butter haben wolltest, und
schon stellte sie einer vor dich hin.
Wenn das Telefon klingelt und du ein
Gefühl hast, wer dran ist, noch bevor du
abgehoben hast. Freue dich, und
erkenne es an, dann wird es auf allen
Ebenen mehr und öfter passieren.
☺ ☺ ☺
Alles, was ein Mensch in Worten
oder durch die Tat aussendet,
wird zu ihm zurückkehren.
Er wird empfangen, was er gibt.
☺ ☺ ☺

Wenn der Mensch sich etwas wünschen
kann, ohne sich darüber zu sorgen, so
wird jeder Wunsch sofort erfüllt werden.

☺ ☺ ☺

Furcht ist nur verkehrter Glaube;
sie ist der Glaube an das Böse
anstatt an das Gute.*6

☺ ☺ ☺

Der Mensch hat stets einen
schweigsamen Zuhörer an seiner Seite –
sein Unterbewußtsein.*6

☺ ☺ ☺

Jeder, der die Macht des gesprochenen
Wortes nicht kennt, ist rückständig
(*6 geschrieben von F. Scovel-Shinn,
die bereits 1949 starb).

☺ ☺ ☺

Der Mensch muß sich für das, was er
erbeten hat, vorbereiten, wenn auch
noch nicht das kleinste Anzeichen
davon in Sicht ist.*6

☺ ☺ ☺

Das Universum braucht keine Zeit,
und es ist nie zu spät.*6

☺ ☺ ☺

Zögere nicht, einen Freund um Hilfe
zu bitten, wenn du fühlst, daß du
wankelmütig wirst. Es ist manchmal

leichter, etwas für einen anderen
herbeizuwünschen oder zu
bestellen als für sich selbst.
Dein bester Freund oder Nachbar
kann sich dich vielleicht viel besser
im Wohlstand vorstellen als du selbst.
Aber bestelle nicht ungefragt
für andere.*6

☺ ☺ ☺

Ein scharfer Beobachter des Lebens
sagte einmal, daß niemand Mißerfolg
haben könne, wenn ein einziger
Mensch noch an ihn glaubt!*6

☺ ☺ ☺

Der Mensch hat die Macht, Fehler zu
vergeben und unwirksam zu machen.*6

☺ ☺ ☺

Wenn man willens ist, eine Sache zu
tun, vor der man Furcht hat, braucht
man sie nicht mehr zu tun. Dies ist
das wenig verstandene Gesetz der
Widerstandslosigkeit.*6

☺ ☺ ☺

Das was der Mensch über andere sagt,
wird von ihm gesagt werden, und das,
was er einem anderen wünscht,
wünscht er sich selbst.*6

☺ ☺ ☺

Unversöhnlichkeit ist eine weit
verbreitete Krankheit. Sie verhärtet
die Arterien und die Leber
und beeinträchtigt die Augen.
Endlose Krankheiten folgen ihr nach.
Indem du Liebe und Wohlwollen
empfindest, löschst du die Krankheit
in dir aus. Wenn dir das in manchen
Fällen unmöglich erscheint, schicke
eine Bestellung ans Universum:
Bestelle dir einen Hinweis, eine Hilfe
oder Verstehen, damit du Frieden
und Wohlwollen für diesen
Menschen empfinden kannst.
Vielleicht kannst du dir vorstellen,
du wärst mit einem Menschen,
den du unerträglich findest,
acht Stunden in einem engen Aufzug
eingesperrt, und der Mensch würde dir
seine ganze Lebensgeschichte erzählen.
Glaubst du, du könntest ihn dann
verstehen und Frieden empfinden?*6
☺ ☺ ☺
Wenn du dich nicht entscheiden kannst,
bestelle dir Klarheit. Bestelle dir einen
Hinweis, was jetzt richtig ist für dich.
Erkenne den Hinweis an, wenn du ihn
erhältst. Vertraue darauf, daß du dich

irgendwann sowieso entscheiden wirst.
Du wirst nicht jahrelang keine
Entscheidung treffen. Also warte
in Ruhe auf deine richtige Entscheidung.
Keine Entscheidung ist die
Entscheidung, in diesem Punkt noch
abzuwarten. Du kannst dich
gar nicht NICHT entscheiden.
☺ ☺ ☺
Es gibt Frieden auf Erden für
denjenigen, der Wohlwollen
ausstrahlt.*6
☺ ☺ ☺
Seelenschlaf heißt, daß das
Unterbewußtsein des Menschen
durch den alltäglichen Glauben an
Sünde, Krankheit, Tod usw.
(die alle nur das sterbliche Gemüt
betreffen) hypnotisiert wurde.
Diese Wahnbilder drücken sich in
seinem Alltag aus.*5
☺ ☺ ☺
Wie groß ist der Radius, in dem du
physischen Einfluß auf die Welt hast?
Wie viel größer ist dein
Schreckensmeldungsradius?
Wie reagiert dein Unterbewußtsein
darauf? Hörst du als letztes vor dem

Schlafengehen Schreckensmeldungen,
oder pflanzt du Frieden und Freude
in dein Unbewußtes,
bevor du schlafen gehst?*5
☺ ☺ ☺
Wenn du nicht selbst dein
Unterbewußtsein beherrschst,
wird es ein anderer für dich tun.*5
☺ ☺ ☺
Dein Unterbewußtsein ist Macht ohne
Bestimmungsvermögen. Es führt alle
Befehle aus, ohne zu fragen.*5
☺ ☺ ☺
Wenn dein Leben von positivem Denken
und liebevollem Fühlen beherrscht ist,
können dich negative Gedanken anderer
nicht erreichen.*5
☺ ☺ ☺
Wenn es in dir keine gefühlsmäßige
Erwiderung auf einen unharmonischen
Zustand gibt, verschwindet dieser für
immer aus deinem Weg. Nichts kann
ohne Resonanz bei dir bleiben.*5
☺ ☺ ☺
Oft wird man von Fehlern geheilt, indem
man sie in anderen sieht. Ein Mann log
sehr viel. Bis er mit einer Frau
zusammenlebte, die mehr log als er.

Dadurch wurde er vom Lügen geheilt.
Überprüfe, von wessen Fehlern
du schon gelernt hast,
und sei dankbar dafür.*5
☺ ☺ ☺
Der Mensch kann nur so sein,
wie er sich sieht, und er kann
nur das erlangen, was er im Geiste
sich erlangen sieht.*5
☺ ☺ ☺
Wenn du bei deinem Kind (Partner,
Freunden) Krankheit siehst und
befürchtest, rufst du sie herbei (gerade
die Eltern-Kind-Verbindung ist sehr stark
und wirkungsvoll). Wenn du deinem
Kind oder deinen Freunden Gutes tun
willst, sieh sie in Glück und Gesundheit
vor dir, wenn du an sie denkst.*5
☺ ☺ ☺
Das Sonderbare ist, daß der Mensch
immer gerade das erhält, was er sich
wünscht, wenn er seinen persönlichen
Willen aufgibt, wodurch er ermöglicht,
daß die unendliche Intelligenz durch ihn
wirkt. Unbedingtes, krampfhaftes Wollen
und zu starkes Wünschen blockieren
den Fluß. Wünsche und lasse los.
Entscheide dich, auch ohne die

Erfüllung des Wunsches glücklich zu
sein. Umso schneller wird dein
Wunsch erfüllt werden.*6
☺ ☺ ☺
Der Mensch kann das Äußere
nicht zwingen, das zu sein,
was er selbst nicht ist.*6
☺ ☺ ☺
Alle Menschen, die sehr reich sind,
halten ihre Angelegenheiten in Ordnung
– Ordnung ist des Himmels
erstes Gesetz.*6
☺ ☺ ☺
Man kann Bazillen nur in sich
aufnehmen, wenn man sich in derselben
Vibration wie die Bazillen befindet,
und die Furcht zieht den Menschen zu
der Ebene der Bazillen herunter.*5
☺ ☺ ☺
Kein Mensch ist dein Feind,
kein Mensch ist dein Freund.
Jeder Mensch ist dein Lehrer.
☺ ☺ ☺
Für des Menschen Entwicklung ist das
Leid nicht nötig, es ist das Ergebnis
einer Verletzung des geistigen Gesetzes;
jedoch scheint es wenige Menschen zu
geben, die sich ohne Leid aus ihrem

„Seelenschlaf" aufrütteln können. Viele Menschen haben unbewußt Angst davor, daß sie ihre Macht mißbrauchen könnten, wenn es ihnen „zu gut" geht, oder sie „zu reich" oder „zu glücklich" sind. Das stimmt nicht. Ein glücklicher Mensch, der in der Liebe lebt, wird seine Freude teilen wollen.

Wer im Reichtum und Erfolg selbstsüchtig wird, tut dies aus Angst davor, beides wieder zu verlieren. Dabei kann er nicht wirklich glücklich sein. Er lebt in der Angst und nicht in der Liebe. Wenn du in der Liebe lebst, kannst du keine Macht mißbrauchen. Du kannst dir deshalb hemmungslos alles Glück dieser Erde wünschen. Denn wahres Glück liegt nur in der Liebe zu allem was ist.

Wenn du glücklich bist, nutzt du damit dir und allem was ist.

☺ ☺ ☺

Diese Liste ließe sich noch beliebig verlängern. Am besten, du genießt noch ein paar der nachfolgenden Bücher und streichst dir die Lebensweisheiten darin, die dir am besten gefallen, farbig an und liest sie immer wieder. Jeden Tag vor dem Einschlafen eine Lebensweisheit, und deine Schwingung bleibt hoch. Und je höher deine Schwingung, desto besser deine Manifestationen und Bestellungen beim Universum. Viel Erfolg!

Hier noch ein Tip: *Bestellungen beim Universum* gibt's jetzt auch als Hörbuch. Wann immer du Zeit hast – bei der Hausarbeit, beim Autofahren, im Zug oder abends im Fernsehsessel – kannst du damit ganz nebenbei deinen Geist positiv beeinflussen und die Erkenntnisse und Weisheiten aus diesem Buch in dein Unterbewußtsein sickern lassen. Wie Tests aus der Lernforschung gezeigt haben, prägen sich die Inhalte bei häufigem Hören dem Langzeitgedächtnis ein. Alles, was du brauchst, ist ein normaler Kassettenrekorder oder ein Walkman.

Das Hörbuch gibt's zum Preis von 34,80 sFr/DM bzw. 258,- öS im Buchhandel oder direkt beim AXENT-Verlag, Steinerne Furt 78m, D-86167 Augsburg, Tel. 0821-705011, Fax 0821-705008.

Buchempfehlungen

1) *Gespräche mit Gott. Ein ungewöhnlicher Dialog* von Neale Donald Walsch

Nichts für der christlichen Lehre sehr stark verhaftete Menschen. Der Autor steckt in allen denkbaren Lebensbereichen in einer Krise und schreibt einen Beschwerdebrief an Gott. Plötzlich schreibt seine Hand von allein weiter und beantwortet alle Fragen – unkonventionell und auf genial schlichte Weise. Es wird aufgeräumt mit allen einengenden Vorstellungen. Ich habe das Buch bis zur letzten Seite gelesen und gleich vorne wieder angefangen.

2) *Die 7 Botschaften unserer Seele* von Ella Kensington (Gina und Bodo Deletz)

Ich bin, was ich erlebe.
Ich erlebe, was ich denke.
Ich denke, was ich fühle.
Ich fühle, was ich glaube.
Ich glaube, was ich will.
Ich will, was ich liebe.
Ich liebe, was ich bin.

Ähnlich wie in den *Gesprächen mit Gott* wird das menschliche Sein auf praktische und spielerische Weise erklärt. Diesmal in der Lebensgeschichte von Bodo und Gina. Bodo erhält Kontakt zu seiner Seele, die er jeden Abend zu den Geschehnissen des Tages befragt und die ihm in einzelnen Lektionen beibringt, wie er es anstellen muß, jeden Tag in seinem Leben zu einem Tag reiner Freude werden zu lassen.*

3) Das beste Buch der Welt gegen Liebeskummer und schlechte Stimmung heißt *Mary* und ist ebenfalls von Ella Kensington (Gina und Bodo). Diesmal ist das Wissen in einer bezaubernden Geschichte verpackt. Michael, unsterblich verliebt und von Selbstzweifeln zerfressen, hat nur von einem genug im Leben: nämlich von Problemen. Seine Geschichte und wie er spielend zur einer glücklichen Lebenseinstellung findet (die optimale Grundhaltung für perfekte „Besteller") ist verknüpft mit der Geschichte eines Wesens aus einer Welt, das auf die Erde kommt, um zu lernen, wie man Probleme hat. Sie hat keine Ahnung, wie

sowas gehen soll, aber sie findet, es klingt sehr spannend. Da haben wir sie nun – Michael, der nur Probleme hat, und Mary, die partout nicht versteht, wie sie es denn nun endlich lernen könnte, ein Problem zu empfinden.

Dieses Buch zu lesen und hinterher noch Probleme zu haben ist fast unmöglich. Günter, ein Freund von mir, rief mich während der Lektüre dreimal an, um mir zu erzählen, wo er gerade ist und wie toll er es findet. Nicht viel später erhielt ich eine Strafpredigt von einem anderen Freund, weil er „jetzt erst" und „erst durch Günter" von dem Buch erfahren habe. Wieso ich ihm DAS denn nicht früher gesagt hätte. Mittlerweile fahren Günter und Siegfried beide jeweils zirka 15 Exemplare dieses Buches in ihrem Kofferraum spazieren, damit sie das Buch gleich jedem, den sie treffen, empfehlen und weitergeben können. Bei uns herrscht der absolute „Mary-Boom".*

4) Der Schlager Nummer drei von Ella Kensington heißt *Mysterio*. Ich las das Buch nach *Mary* und dachte mir: „Naja,

die können ja nicht nur tolle Bücher schreiben – wahrscheinlich ist das Buch nicht mehr ganz so toll..." Scheinbar können sie doch. Das Buch gefiel mir allen Ernstes genauso gut.

Diesmal geht es um ein zufällig im Internet aufgespürtes Computerspiel, das den Spieler als erstes fragt, was er oder sie sich am allermeisten im Leben wünscht. Wenn der Wunsch den Spielregeln entspricht, dann erfüllt das Spiel ihn. Und so kommt die Hauptakteurin mal eben kurz an 5 Millionen und ihren Traummann! Durch das Spiel lernt sie, daß sie mit ihren Gedanken, Gefühlen und Worten ihre Realität selbst kreiert. Es hilft ihr bei der Schwingungserhöhung, so daß die Umsetzung ihrer Gedanken und Gefühle immer schneller geht. Das ist ganz schön gefährlich – denn kaum denkt sie etwas Negatives, ist auch das sofort da!

Ich fand das Buch so spannend, daß ich mich völlig verzaubert fühlte und so, als würde ich eigentlich selbst schon mitspielen bei diesem magischen Spiel „Mysterio", bei dem das passiert, worauf wir unsere Wahrnehmung ausrichten: Das

Spiel des Lebens das wir eigentlich immer spielen, ohne es zu merken.*

Die 7 Botschaften unserer Seele, Mary
und *Mysterio* von Ella Kensington sind
am einfachsten per Versand erhältlich.
Beispielweise bei Günter Vaas, Tel.
08091-563871, Fax: -563872, oder bei
Andromeda Buchversand in Nürnberg,
Tel. 0911-221046, Fax: 209008.

5) *Das LOLA–Prinzip* von René Egli

Lola ist die Abkürzung von Loslassen,
Liebe und Aktion/Reaktion. Der Autor
bringt dem Leser auf liebenswürdige
Weise die Gesetze des Lebens näher,
und er macht klar, warum eine Steige-
rung der Liebe im Leben sich auf die Lei-
stung und das Erreichen der Ziele eines
Menschen nicht linear, sondern im Qua-
drat auswirkt (analog dem Ohm'schen
Gesetz). Natürlich mit praktischer Anleitung und anschaulichen Beispielen. Eigentlich auch ein MUSS.

6) *Das Lebensspiel und seine Regeln*
von Florence Scovel Shinn

Das Buch ist so nett wie sein Titel. Leicht
verständliche Kurzfassung der Lebens

regeln, in der ersten Hälfte des 20. Jahrhunderts geschrieben. Die Autorin greift oft auf Bibelzitate zurück, was aber weniger störend wirkt; eher verwunderlich, daß doch noch so viele gute Dinge in der heutigen Bibelfassung übrig geblieben sind (mich als Konfessionslose und mit nur schwachem Erinnerungsvermögen an den Religionsunterricht der Schule hat das zumindest positiv überrascht).

7) Minikurs für 18 Tage

Eine Anleitung zur Heilung von Beziehungen und zum Erlangen des Geistesfriedens. Zusammengestellt aus dem Mammutwerk: *Ein Kurs in Wundern.*

8) Der Erleuchtung ist es egal
wie du sie erlangst von Thaddeus Golas

„Lerne die Hölle zu lieben und du bist im Himmel". Wie und warum erklärt Thaddeus auf äußerst unkonventionelle Weise. Geeignet für alle Stadtneurotiker, Freaks, Kreative und alle, die Spaß an einer ungewöhnlichen Perspektive haben. (Das Buch ist leider vergriffen)

9) *Über den Tod und das Leben danach*
von Elisabeth Kübler-Ross
(siehe Kapitel 11)

10) *Die Prophezeiungen von Celestine*
von James Redfield

Wer sie noch nicht kennen sollte, für den wird es allerhöchste Zeit. Absolut kein Zufall, daß dieses Buch zum Bestseller wurde. Ein Abenteuerroman, der mich an ein Sprichwort erinnert:

> „Eine Wissenschaft ist ein
> Gebäude aus Fakten,
> so wie ein Haus ein
> Gebäude aus Ziegeln ist.
> Aber so wenig wie ein
> Haufen Ziegel ein Haus ist,
> ist ein Haufen Fakten
> eine Wissenschaft."

Celestine ist spirituelles Wissen in ein wundervolles Gebäude verpackt. Ein Gesamtkunstwerk, in dem man vieles verstehen und sich merken kann, was vorher graue Theorie war – und es liest sich einfach sooooo gut! Ein unbedingtes MUSS in der Buchliste.

Kontakte:

Kontaktadresse zu Kapitel 9 – „Grau ist alle Theorie"
Gudrun Freitag
Schleißheimerstr. 205a
80809 München
Tel. 089-300 91 41

Meditationsseminare (siehe Kapitel 6 über die „innere Stimme")
Stargate Workshops
Tel.: 0171-8283325
(Es meldet sich Prageet von Stargates, der nur englisch spricht. Kurse finden regelmäßig in D, A und CH statt.)

Anm.d.Autorin.:
Das sind die beiden Kontakte, über deren Workshops hier jeweils ein Kapitel abgedruckt ist. Prinzipiell kann nur jeder selbst für sich die RICHTIGE Adresse finden, an der er oder sie – mit möglichst viel Spaß – etwas lernt. Kein Tip ist richtig für ALLE.

Und die allerbeste Adresse ist immer die eigene innere Stimme und Intuition. Wer dazu einen guten Kontakt hat, braucht niemanden mehr.

Ein VIDEO von und mit Bärbel Mohr:

Herzenswünsche selbst erfüllen

Ein Mutmachvideo für Job und Freizeit in dem Bärbel Mohr Menschen vorstellt, die auf ihre ganz eigene Weise ihren Herzenswünschen und Eingebungen gefolgt sind und aus kleinen Gelegenheiten des Lebens große gemacht haben. Mit dabei sind die "Universum-Besteller" Edith, Günther und Dieter aus dem Buch "Universum & Co". Ausserdem Menschen, die ihren Visionen folgten:

M. Yunus, der mit einem Startkapital von 27$ eine "Bank für Arme" gründete. Dan Carlson, der für eine Idee gegen den Welthunger betete und sie bekam. Don Cox, der auf ungewöhnliche Weise sein Gewächshaus heizt u.v.m.

30,20€ + 3€ Porto, ca. 135 Min., __ausschließlich erhältlich bei:__
Traumvogel-Verlag, Akazienstr. 28, 10823 Berlin, Roland Rocke,
__Tel.__ 030-7875400, __Fax.__ 030-78705486, __E-Mail:__ best@traumvogel.de
__Bestellung übers Internet:__ www.traumvogel.de/baerbelmohr.htm

Weitere Bücher von Bärbel Mohr

Bärbel Mohr

Universum & Co.

**Kosmische Kicks
für mehr Spaß im Beruf**

224 S., gebunden,   € 15,30 [D] • SFr 27,70

ISBN 3-930243-18-0

Für viele Menschen gehört die Arbeit nicht zum „richtigen" Leben. Letzteres fängt für sie erst nach Feierabend an oder findet in den wenigen Wochen Urlaub statt. Bärbel Mohr zeigt, wie man auch am Arbeitsplatz ein freudvolles, erfülltes Leben führen kann. Sie stellt Menschen vor, die sich „den kosmischen Bestellservice" im Berufsleben zunutze machen und ihre Arbeit dadurch leichter und vergnüglicher gestalten. Andere Beispiele handeln davon, wie man sich beim Universum erfolgreich den idealen Job bestellt. Darüber hinaus hält die Autorin wertvolle Tips für Arbeitslose, frustrierte Angestellte oder krisengeschüttelte Unternehmer bereit.

Auch auf Geld und unsere Einstellung dazu geht die Autorin ein, und sie zeigt Wege auf, wie man vom Mangeldenken zu einem Bewußtsein der Fülle gelangt.

Viele inspirierende und unterhaltsame Geschichten sorgen wie immer bei Bärbel Mohr für höchsten Lesegenuß.

Zu beziehen in jeder guten Buchhandlung
oder bequem und schnell direkt bei uns

Omega®-Verlag   G. Bongart & M. Meier (GbR)

Karlstr. 32   D-52080 Aachen

Tel.: 0241-16 81 630 • Fax: 0241-16 81 633

e-mail: omegate@compuserve.com   http://www.omega-verlag.de

Fordern Sie auch unser kostenloses Verlagsverzeichnis an!